# MAX AXIOM Y LA SOCIEDAD DE SUPERCIENTÍFICOS

# DESTRUCCIÓN DE LAS SELVAS TROPICALES

ESCRITO POR **CAROL KIM**
ILUSTRADO POR **EDUARDO GARCÍA**
PORTADA DE **ERIK DOESCHER**

**CAPSTONE PRESS**
a capstone imprint

Publicado por Capstone Press, una marca de Capstone
1710 Roe Crest Drive, North Mankato, Minnesota 56003
capstonepub.com

Los datos de catalogación previos a la publicación se encuentran
disponibles en el sitio web de la Biblioteca del Congreso.
ISBN: 9781669065937 (tapa dura)
ISBN: 9781669065920 (tapa blanda)
ISBN: 9781669065968 (libro electrónico PDF)

En todo el mundo talan árboles. Pero ¿por qué se talan las selvas
tropicales, y qué ocurrirá si se desaparecen? ¡Max Axiom y la Sociedad
de supercientíficos tienen la misión de averiguarlo! Acompáñalos en una
aventura emocionante e informativa para aprender sobre las causas y los
efectos de la deforestación y descubrir las medidas que todos podemos
tomar para proteger estos frágiles ecosistemas.

Créditos editoriales
Editores: Abby Huff y Aaron Sautter; Diseñador: Brann Garvey;
Investigadora de medios: Svetlana Zhurkin; Especialista en producción:
Whitney Schaefer

Arte de la portada por Erik Doescher

Todos los sitios de internet que aparecen en el contenido especial estaban
correctos y disponibles al momento de la impresión.

Printed and bound in China. PO 5593

# TABLA DE CONTENIDO

# LA SOCIEDAD DE SUPERCIENTÍFICOS

## MAX AXIOM

Después de muchos años de estudio, Max Axiom, el primer supercientífico en el mundo, comprendió que los misterios del universo eran demasiado vastos como para descubrirlos él solo. ¡Por esto creó la Sociedad de supercientíficos! Con sus superpoderes y su superinteligencia, este equipo talentoso investiga los problemas científicos y medioambientales más urgentes de la actualidad y aprende sobre las medidas que todos podemos tomar para resolverlos.

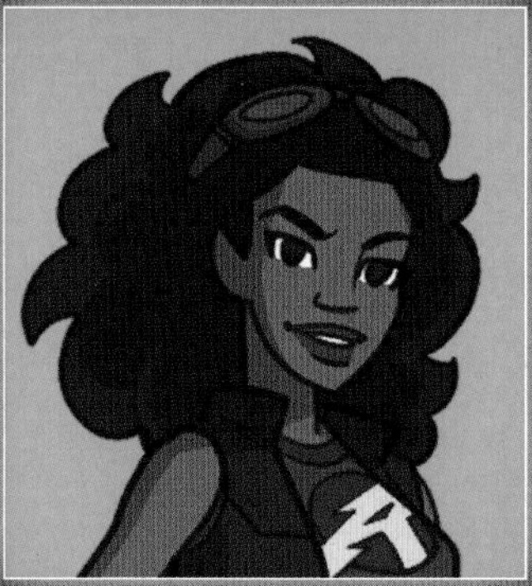

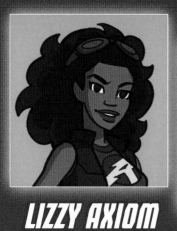

LIZZY AXIOM

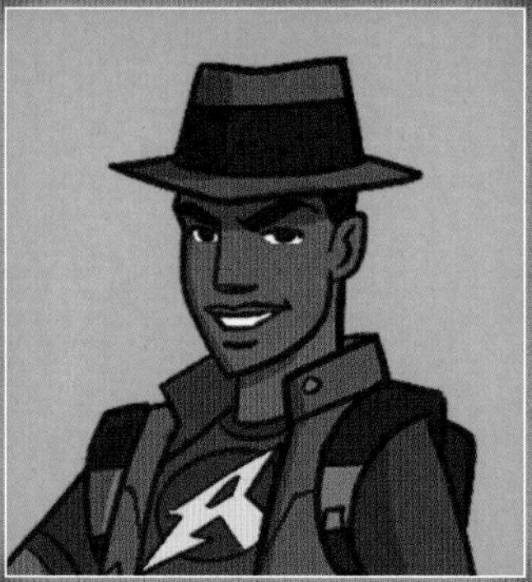

NICK AXIOM

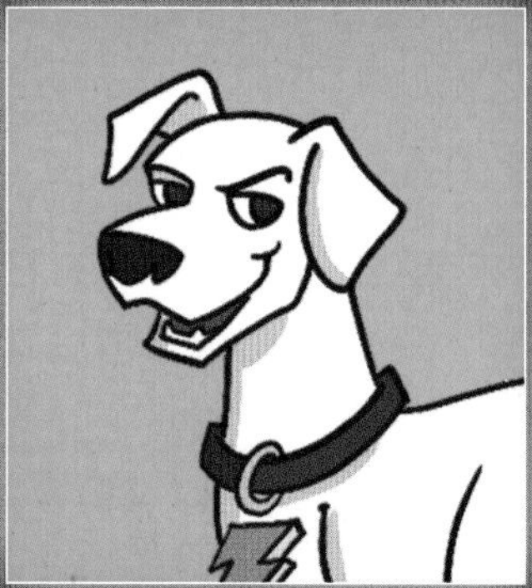

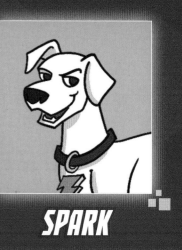

SPARK

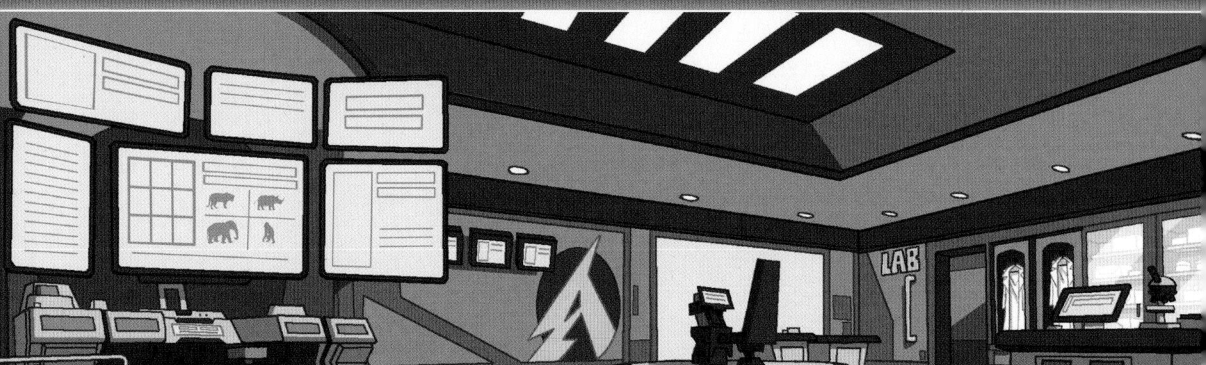
LAB

## EL LABORATORIO DE INVESTIGACIÓN

Este laboratorio, que sirve como sede para la Sociedad de supercientíficos, cuenta con herramientas de última generación para llevar a cabo investigaciones de vanguardia e innovaciones científicas radicales. Más importante aún, es un lugar en que los supercientíficos pueden colaborar y compartir sus conocimientos y unir fuerzas para afrontar cualquier desafío.

# SECCIÓN 1: *AMENAZADAS*

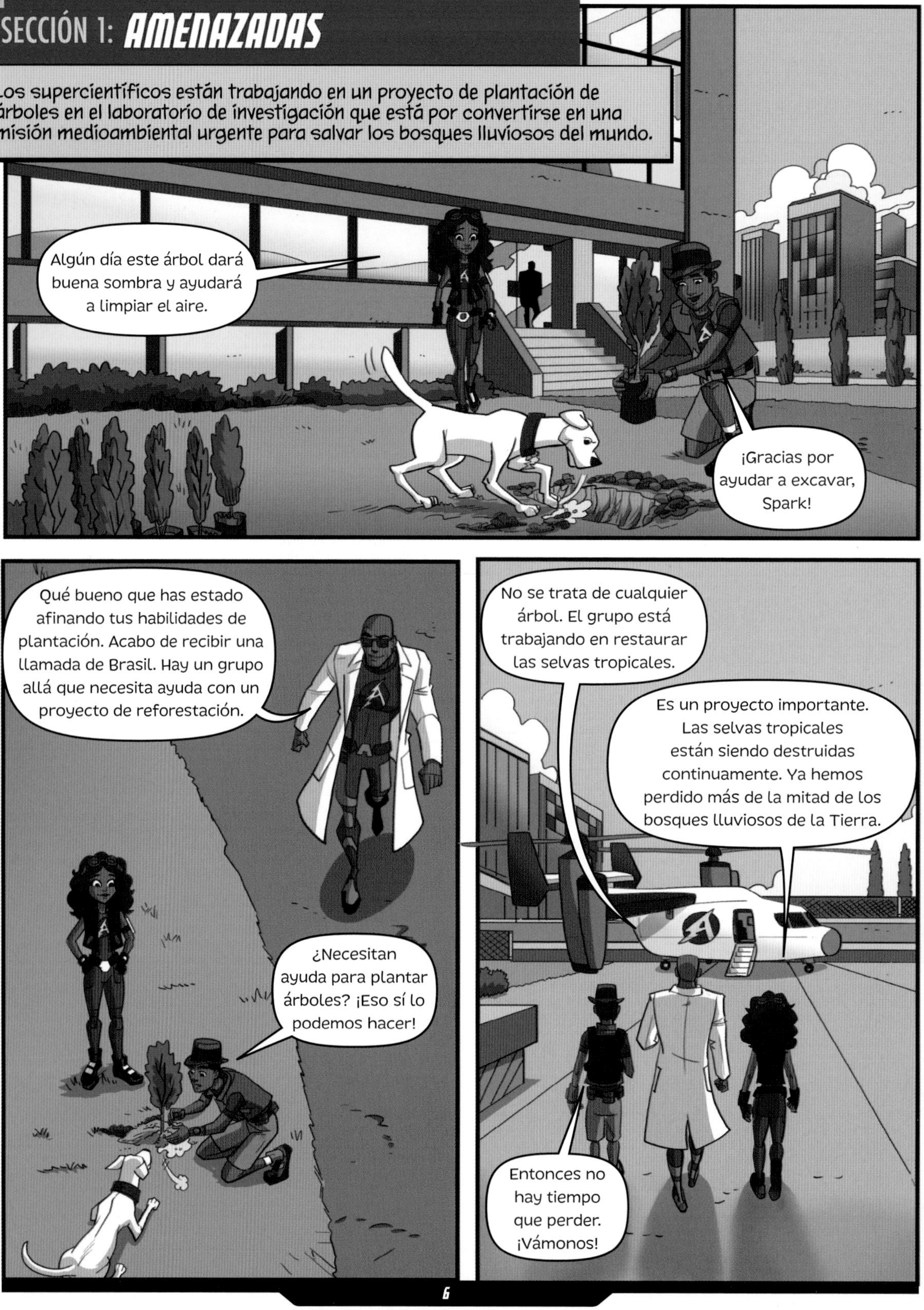

Los supercientíficos están trabajando en un proyecto de plantación de árboles en el laboratorio de investigación que está por convertirse en una misión medioambiental urgente para salvar los bosques lluviosos del mundo.
Algún día este árbol dará buena sombra y ayudará a limpiar el aire.
¡Gracias por ayudar a excavar, Spark!
Qué bueno que has estado afinando tus habilidades de plantación. Acabo de recibir una llamada de Brasil. Hay un grupo allá que necesita ayuda con un proyecto de reforestación.
¿Necesitan ayuda para plantar árboles? ¡Eso sí lo podemos hacer!
No se trata de cualquier árbol. El grupo está trabajando en restaurar las selvas tropicales.
Es un proyecto importante. Las selvas tropicales están siendo destruidas continuamente. Ya hemos perdido más de la mitad de los bosques lluviosos de la Tierra.
Entonces no hay tiempo que perder. ¡Vámonos!

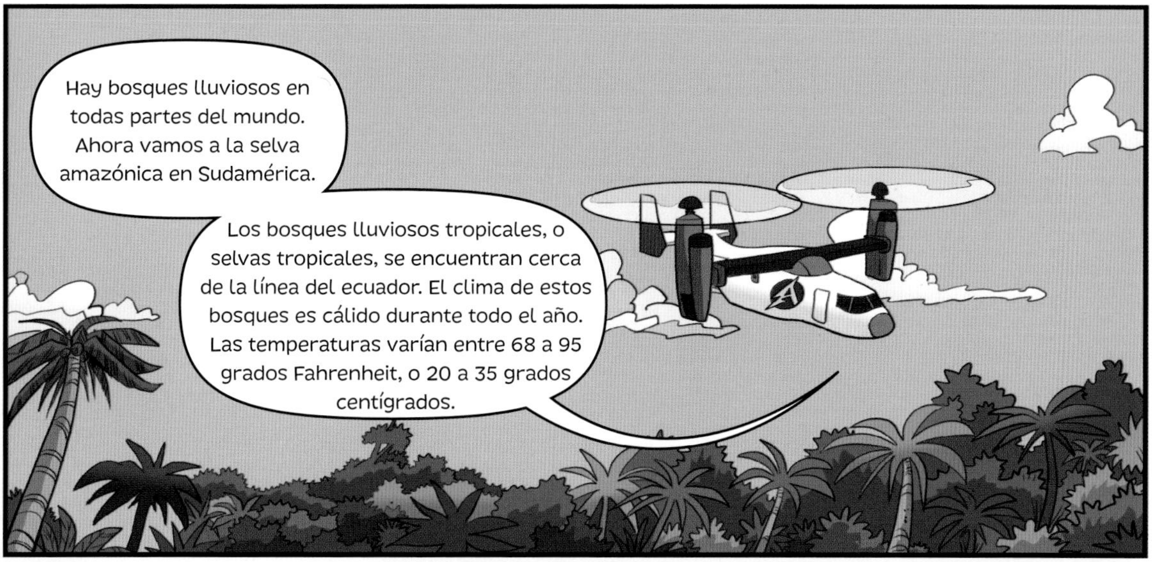
Hay bosques lluviosos en todas partes del mundo. Ahora vamos a la selva amazónica en Sudamérica.
Los bosques lluviosos tropicales, o selvas tropicales, se encuentran cerca de la línea del ecuador. El clima de estos bosques es cálido durante todo el año. Las temperaturas varían entre 68 a 95 grados Fahrenheit, o 20 a 35 grados centígrados.

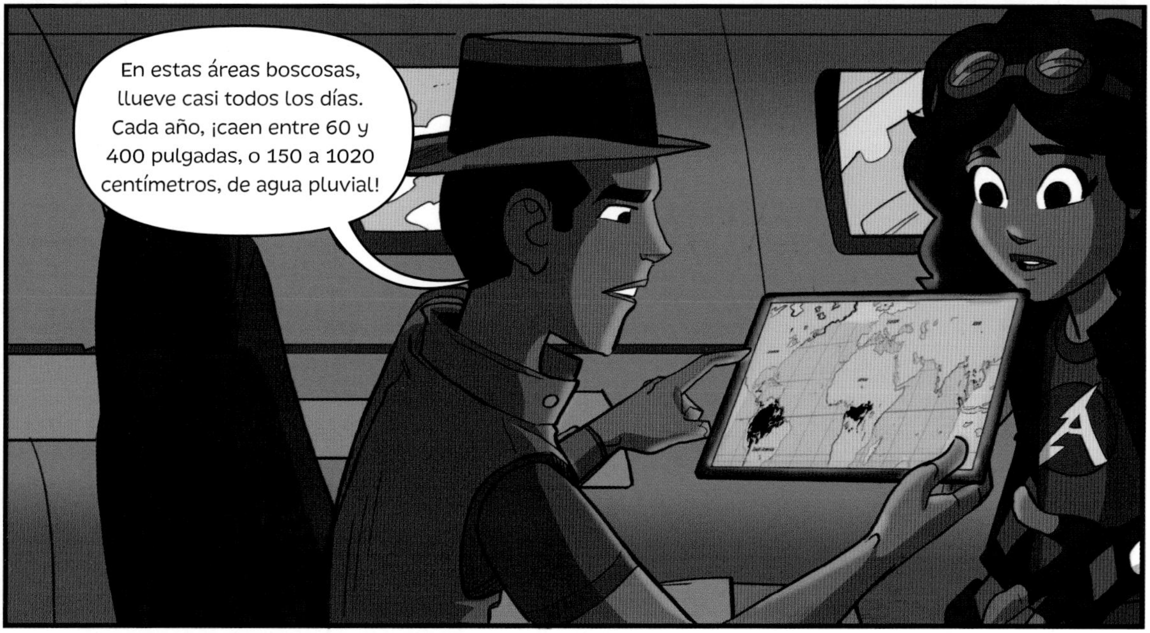
En estas áreas boscosas, llueve casi todos los días. Cada año, ¡caen entre 60 y 400 pulgadas, o 150 a 1020 centímetros, de agua pluvial!

## ¿BOSQUES LLUVIOSOS EN EL POLO SUR?

En la actualidad, hay bosques lluviosos en todos los continentes de la Tierra, menos en la Antártida. Sin embargo, un descubrimiento reciente indica que, si contamos los bosques lluviosos que existían hace 90 millones de años, ¡el Polo Sur no es la excepción! Mientras perforaban las tierras de la Antártida Occidental, unos científicos descubrieron rastros de un antiguo bosque. En las muestras de tierra, encontraron restos de plantas que indicaban que el área había sido un bosque lluvioso templado, cuyas temperaturas son más bajas que las de las selvas tropicales.

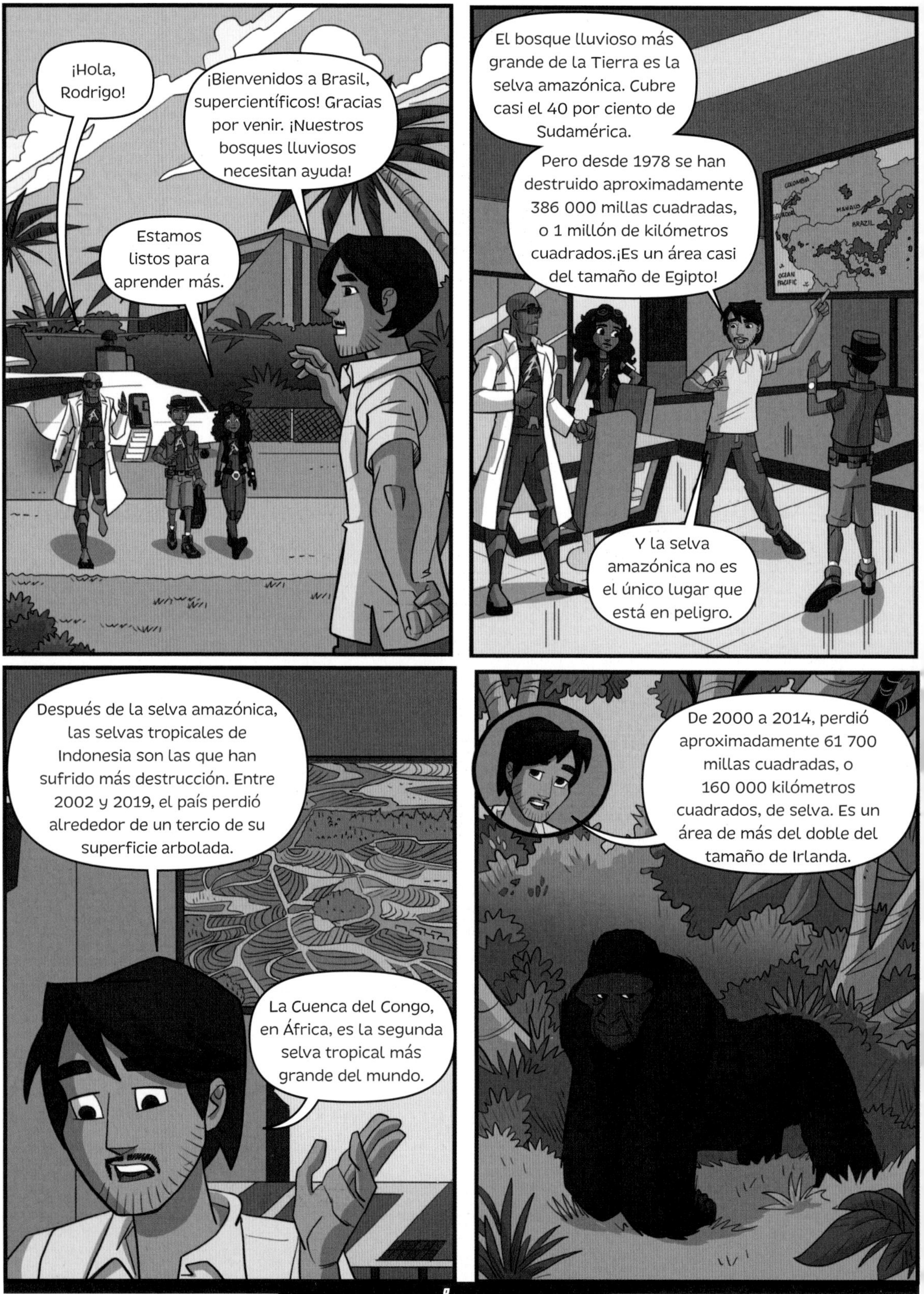
¡Hola, Rodrigo!
¡Bienvenidos a Brasil, supercientíficos! Gracias por venir. ¡Nuestros bosques lluviosos necesitan ayuda!
Estamos listos para aprender más.
El bosque lluvioso más grande de la Tierra es la selva amazónica. Cubre casi el 40 por ciento de Sudamérica.
Pero desde 1978 se han destruido aproximadamente 386 000 millas cuadradas, o 1 millón de kilómetros cuadrados.¡Es un área casi del tamaño de Egipto!
Y la selva amazónica no es el único lugar que está en peligro.
Después de la selva amazónica, las selvas tropicales de Indonesia son las que han sufrido más destrucción. Entre 2002 y 2019, el país perdió alrededor de un tercio de su superficie arbolada.
La Cuenca del Congo, en África, es la segunda selva tropical más grande del mundo.
De 2000 a 2014, perdió aproximadamente 61 700 millas cuadradas, o 160 000 kilómetros cuadrados, de selva. Es un área de más del doble del tamaño de Irlanda.

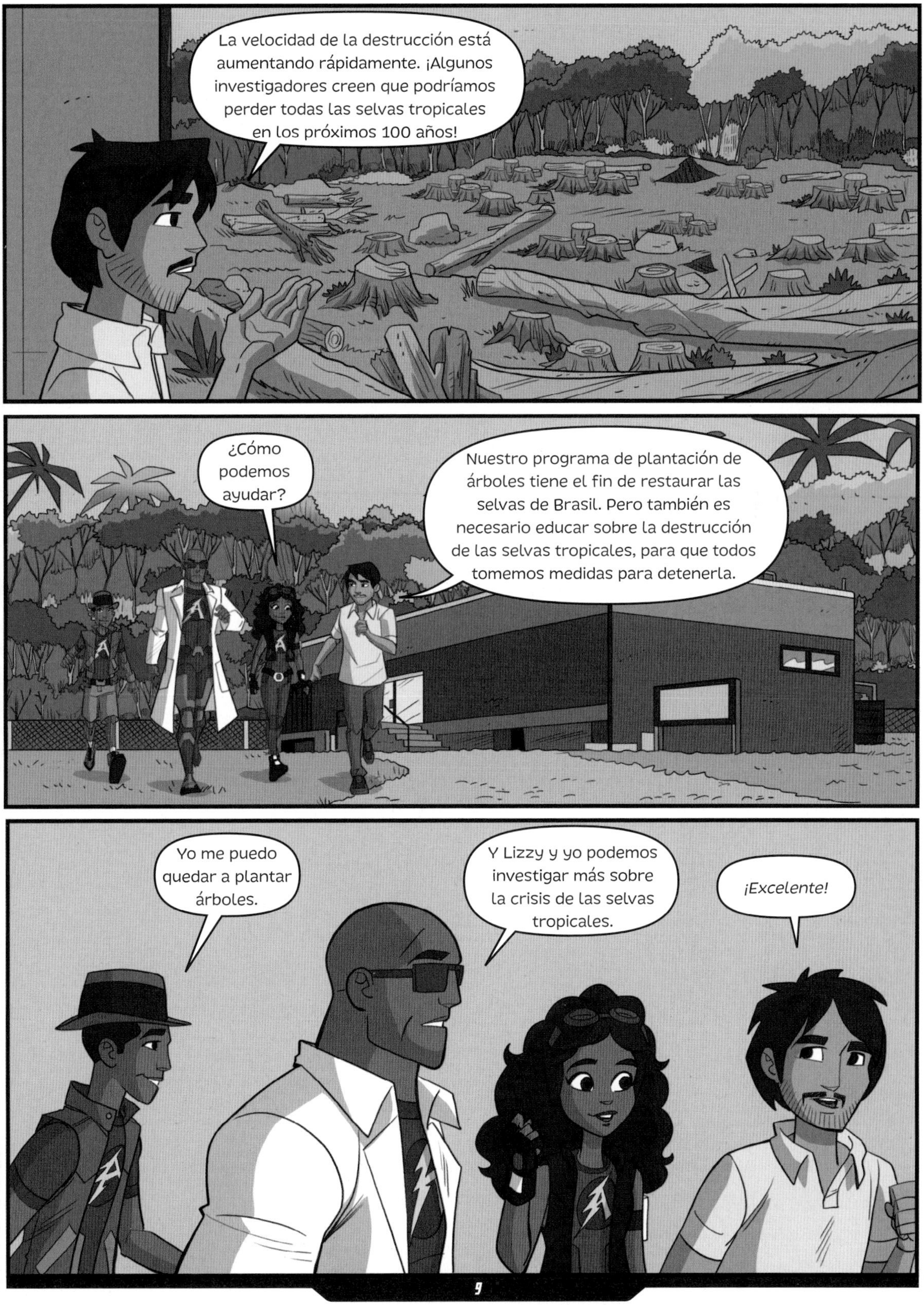
La velocidad de la destrucción está aumentando rápidamente. ¡Algunos investigadores creen que podríamos perder todas las selvas tropicales en los próximos 100 años!
¿Cómo podemos ayudar?
Nuestro programa de plantación de árboles tiene el fin de restaurar las selvas de Brasil. Pero también es necesario educar sobre la destrucción de las selvas tropicales, para que todos tomemos medidas para detenerla.
Yo me puedo quedar a plantar árboles.
Y Lizzy y yo podemos investigar más sobre la crisis de las selvas tropicales.
¡Excelente!

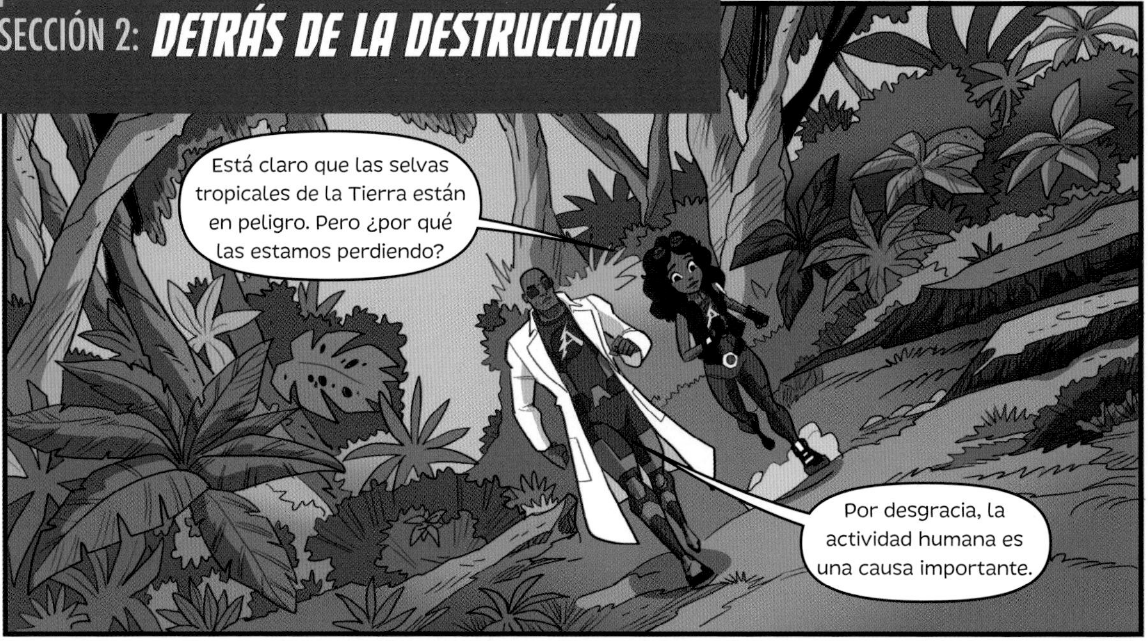
Está claro que las selvas tropicales de la Tierra están en peligro. Pero ¿por qué las estamos perdiendo?
Por desgracia, la actividad humana es una causa importante.

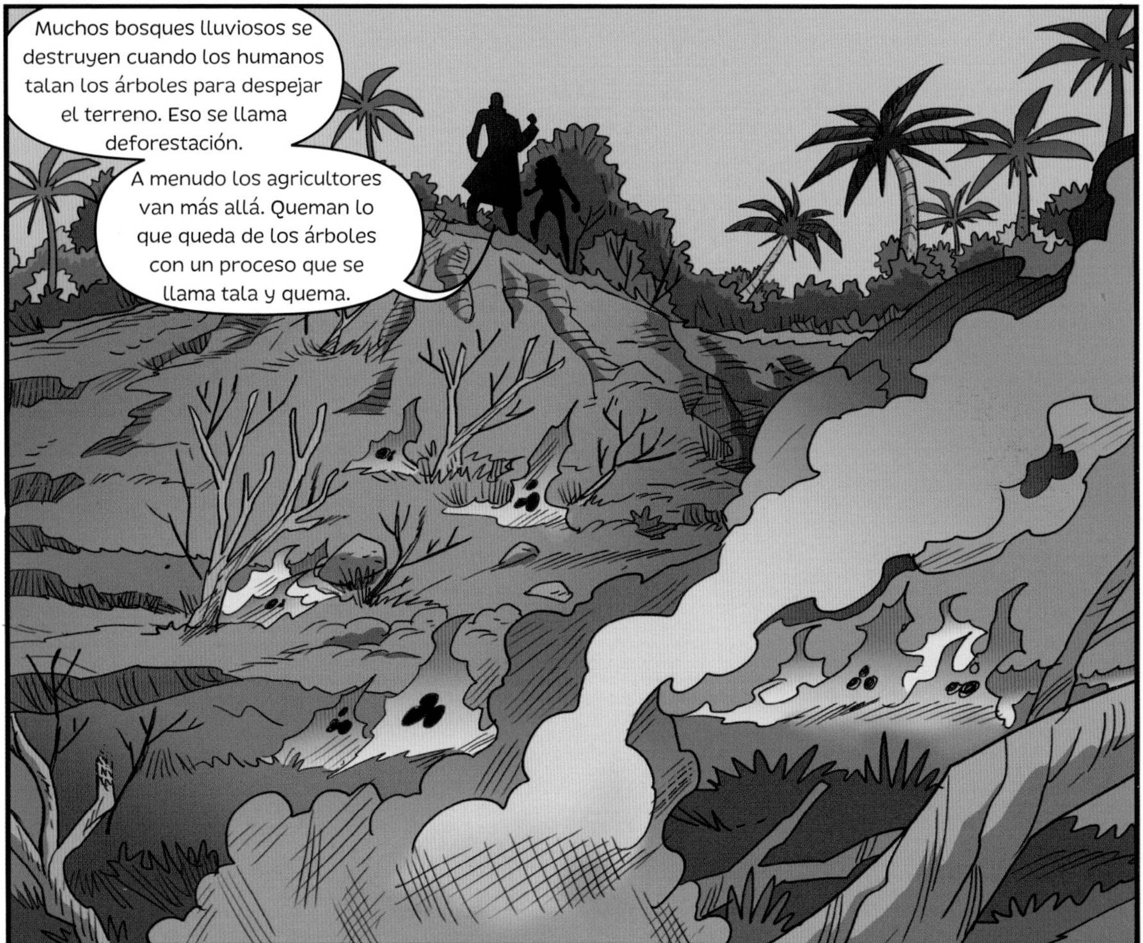
Muchos bosques lluviosos se destruyen cuando los humanos talan los árboles para despejar el terreno. Eso se llama deforestación.
A menudo los agricultores van más allá. Queman lo que queda de los árboles con un proceso que se llama tala y quema.

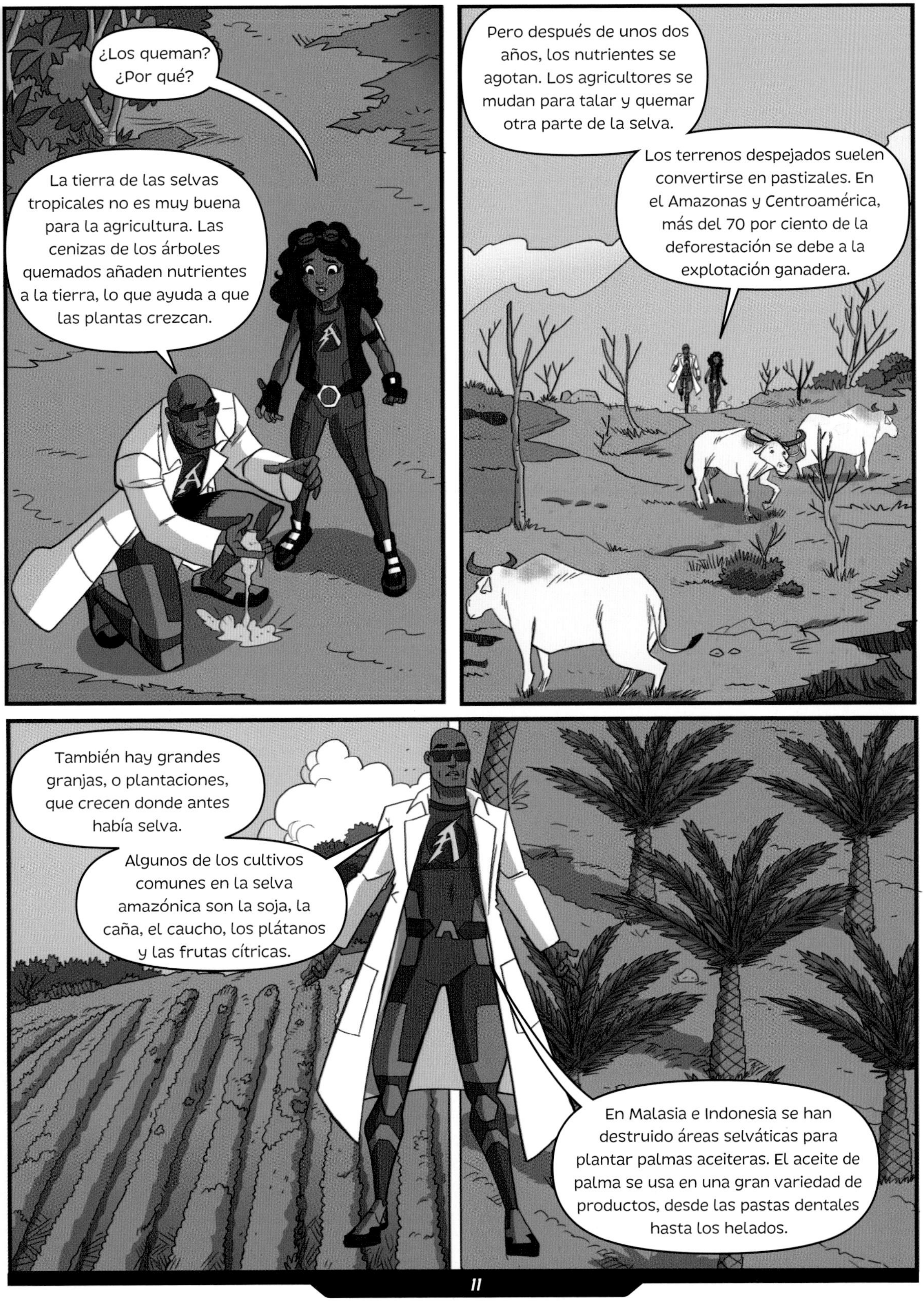
¿Los queman? ¿Por qué?
La tierra de las selvas tropicales no es muy buena para la agricultura. Las cenizas de los árboles quemados añaden nutrientes a la tierra, lo que ayuda a que las plantas crezcan.
Pero después de unos dos años, los nutrientes se agotan. Los agricultores se mudan para talar y quemar otra parte de la selva.
Los terrenos despejados suelen convertirse en pastizales. En el Amazonas y Centroamérica, más del 70 por ciento de la deforestación se debe a la explotación ganadera.
También hay grandes granjas, o plantaciones, que crecen donde antes había selva.
Algunos de los cultivos comunes en la selva amazónica son la soja, la caña, el caucho, los plátanos y las frutas cítricas.
En Malasia e Indonesia se han destruido áreas selváticas para plantar palmas aceiteras. El aceite de palma se usa en una gran variedad de productos, desde las pastas dentales hasta los helados.

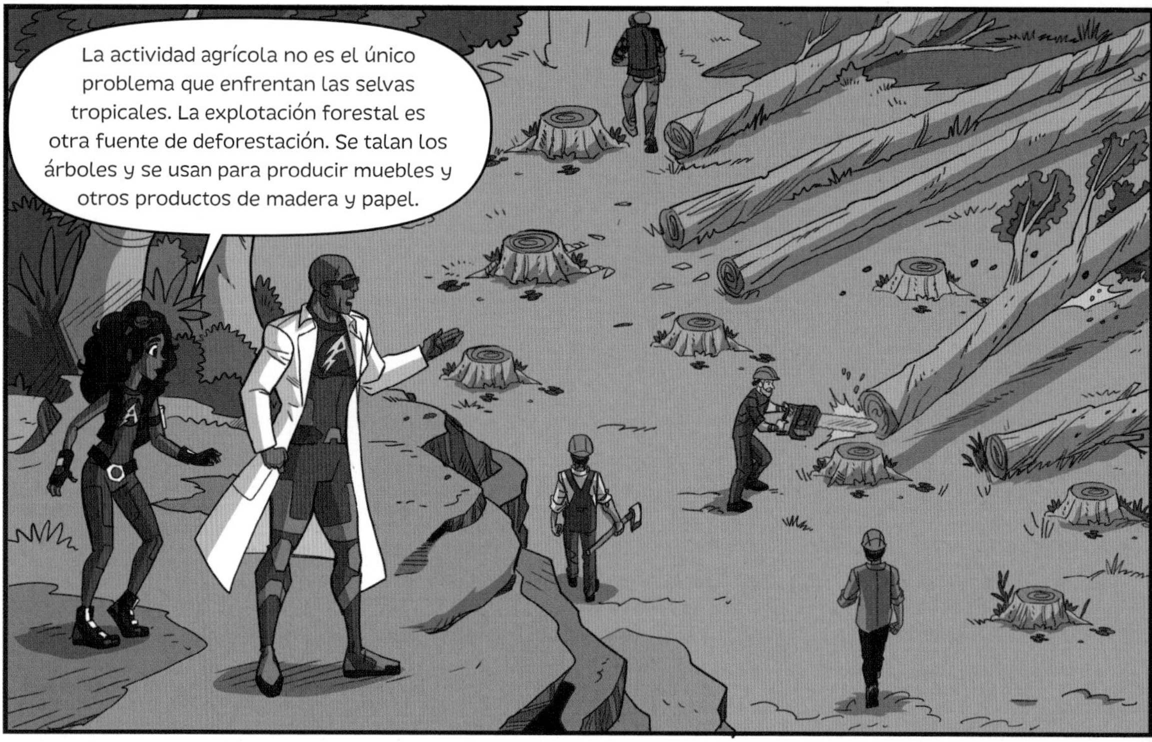
La actividad agrícola no es el único problema que enfrentan las selvas tropicales. La explotación forestal es otra fuente de deforestación. Se talan los árboles y se usan para producir muebles y otros productos de madera y papel.

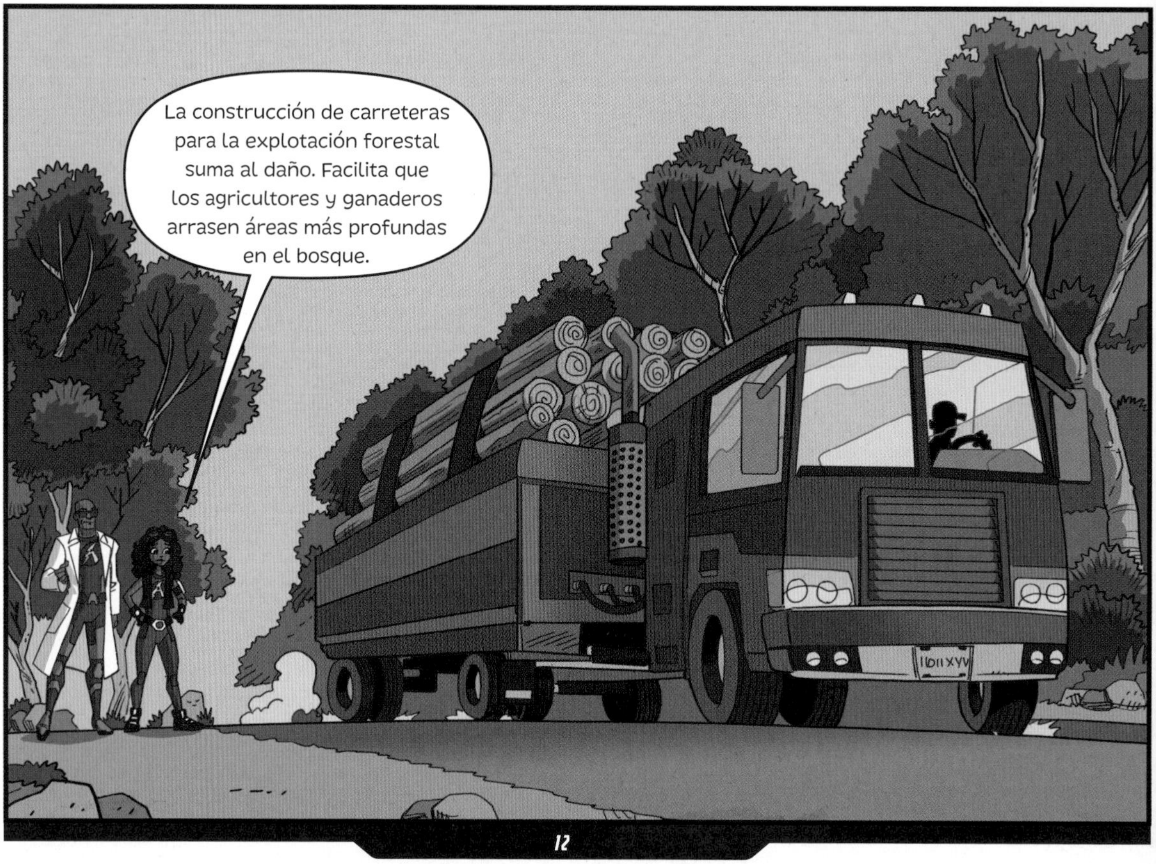
La construcción de carreteras para la explotación forestal suma al daño. Facilita que los agricultores y ganaderos arrasen áreas más profundas en el bosque.

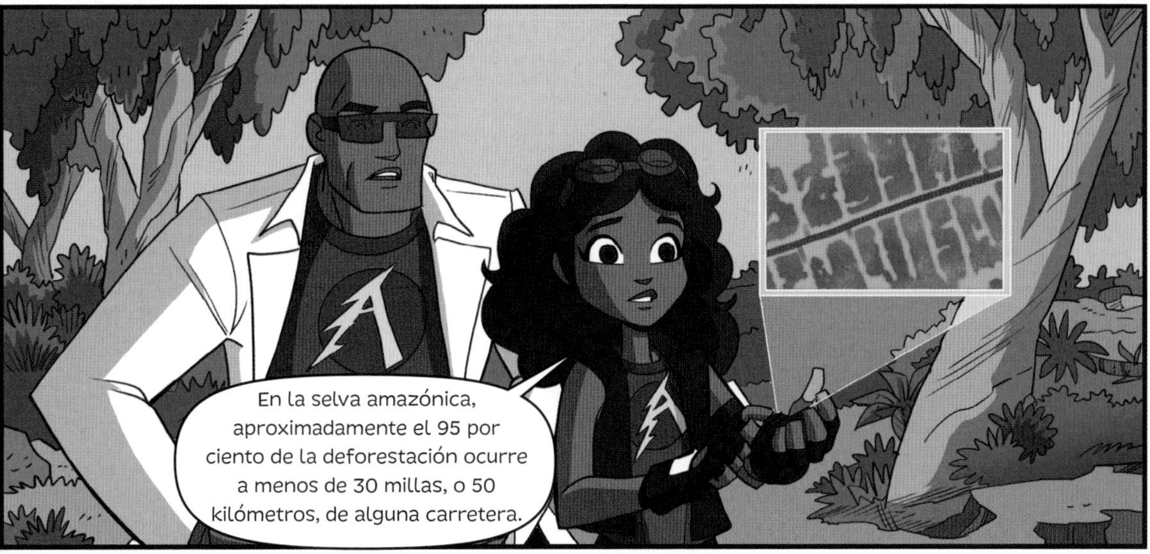
En la selva amazónica, aproximadamente el 95 por ciento de la deforestación ocurre a menos de 30 millas, o 50 kilómetros, de alguna carretera.

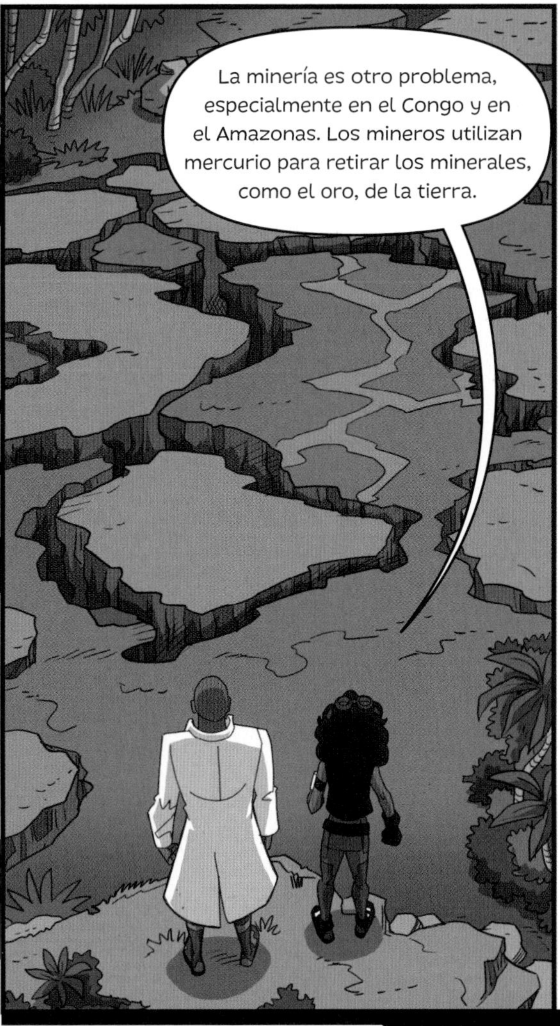
La minería es otro problema, especialmente en el Congo y en el Amazonas. Los mineros utilizan mercurio para retirar los minerales, como el oro, de la tierra.

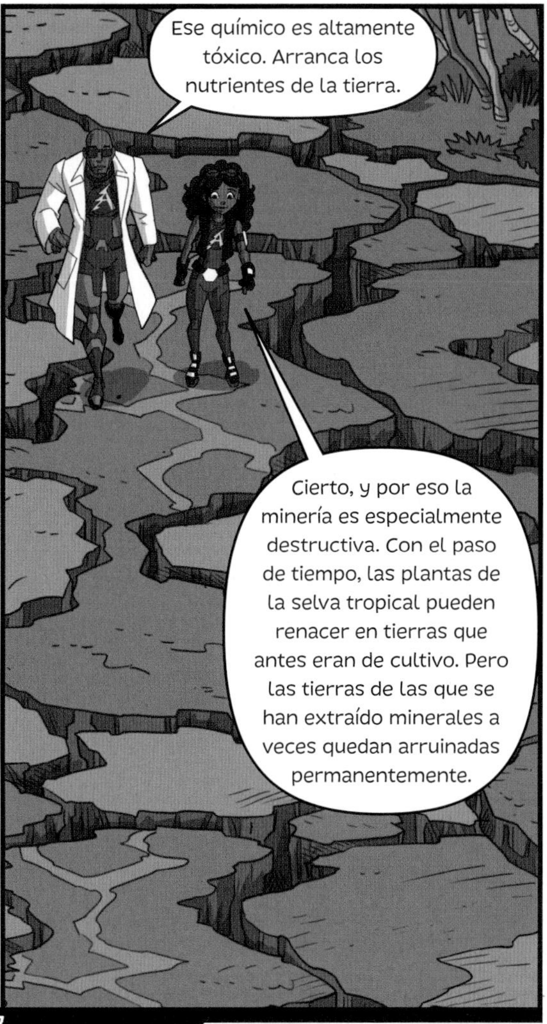
Ese químico es altamente tóxico. Arranca los nutrientes de la tierra.
Cierto, y por eso la minería es especialmente destructiva. Con el paso de tiempo, las plantas de la selva tropical pueden renacer en tierras que antes eran de cultivo. Pero las tierras de las que se han extraído minerales a veces quedan arruinadas permanentemente.

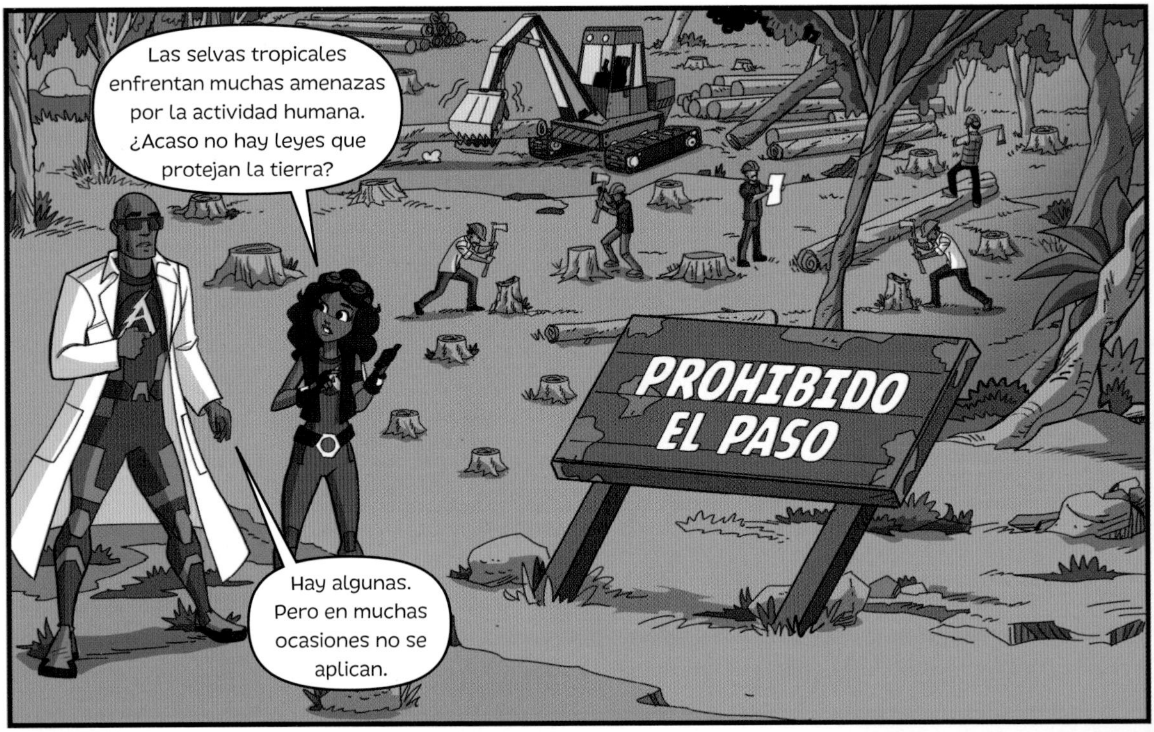
Las selvas tropicales enfrentan muchas amenazas por la actividad humana. ¿Acaso no hay leyes que protejan la tierra?
PROHIBIDO EL PASO
Hay algunas. Pero en muchas ocasiones no se aplican.

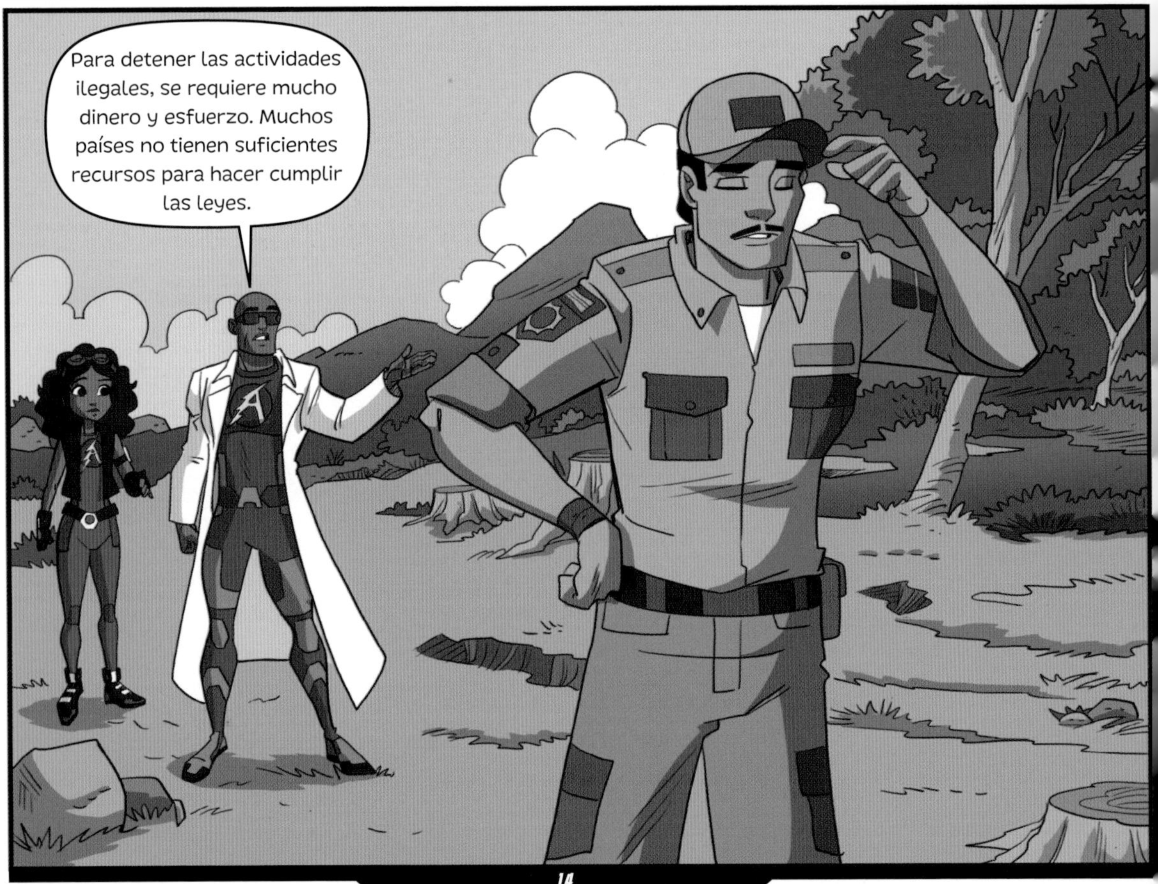
Para detener las actividades ilegales, se requiere mucho dinero y esfuerzo. Muchos países no tienen suficientes recursos para hacer cumplir las leyes.

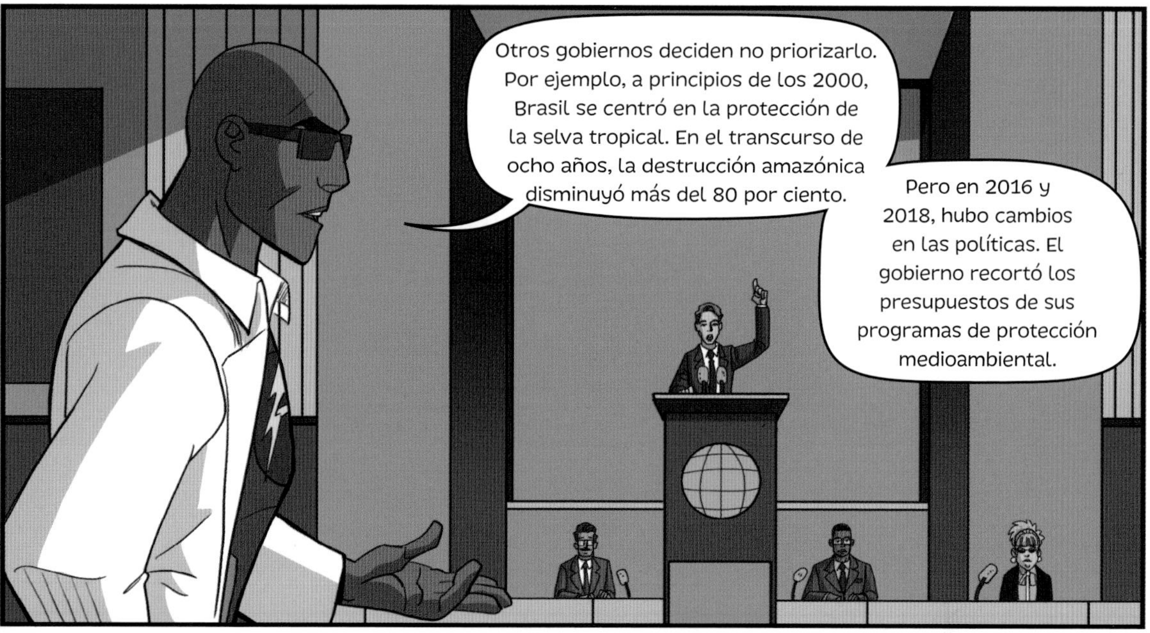
Otros gobiernos deciden no priorizarlo. Por ejemplo, a principios de los 2000, Brasil se centró en la protección de la selva tropical. En el transcurso de ocho años, la destrucción amazónica disminuyó más del 80 por ciento.
Pero en 2016 y 2018, hubo cambios en las políticas. El gobierno recortó los presupuestos de sus programas de protección medioambiental.

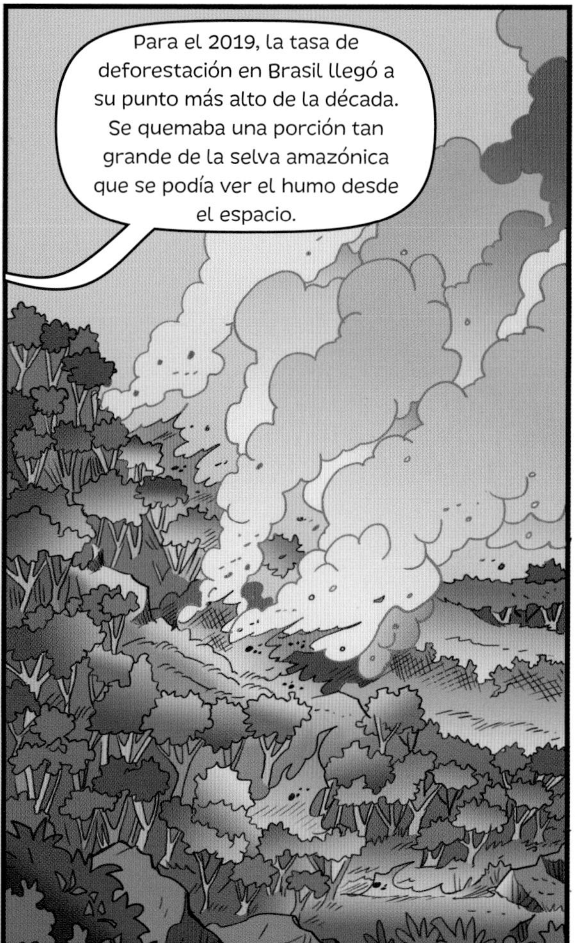
Para el 2019, la tasa de deforestación en Brasil llegó a su punto más alto de la década. Se quemaba una porción tan grande de la selva amazónica que se podía ver el humo desde el espacio.

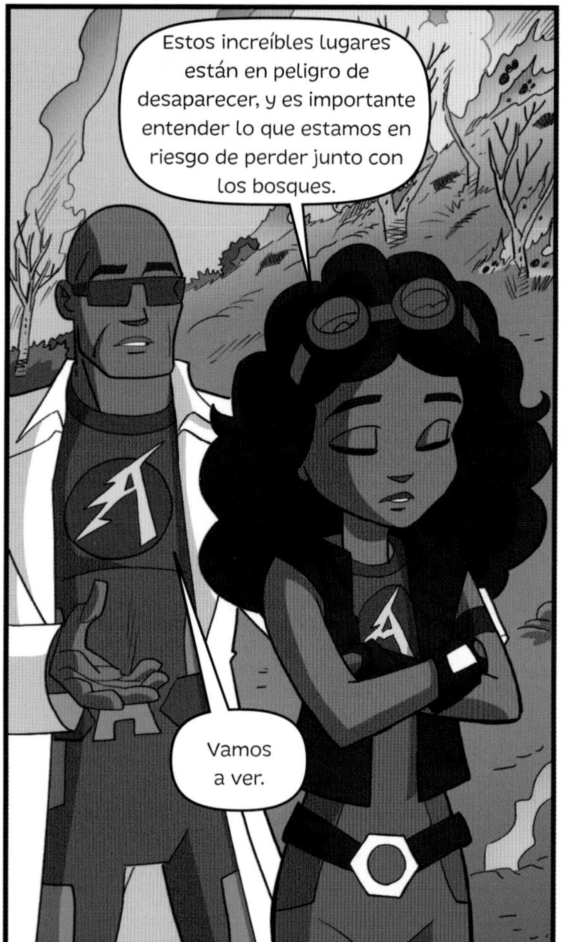
Estos increíbles lugares están en peligro de desaparecer, y es importante entender lo que estamos en riesgo de perder junto con los bosques.
Vamos a ver.

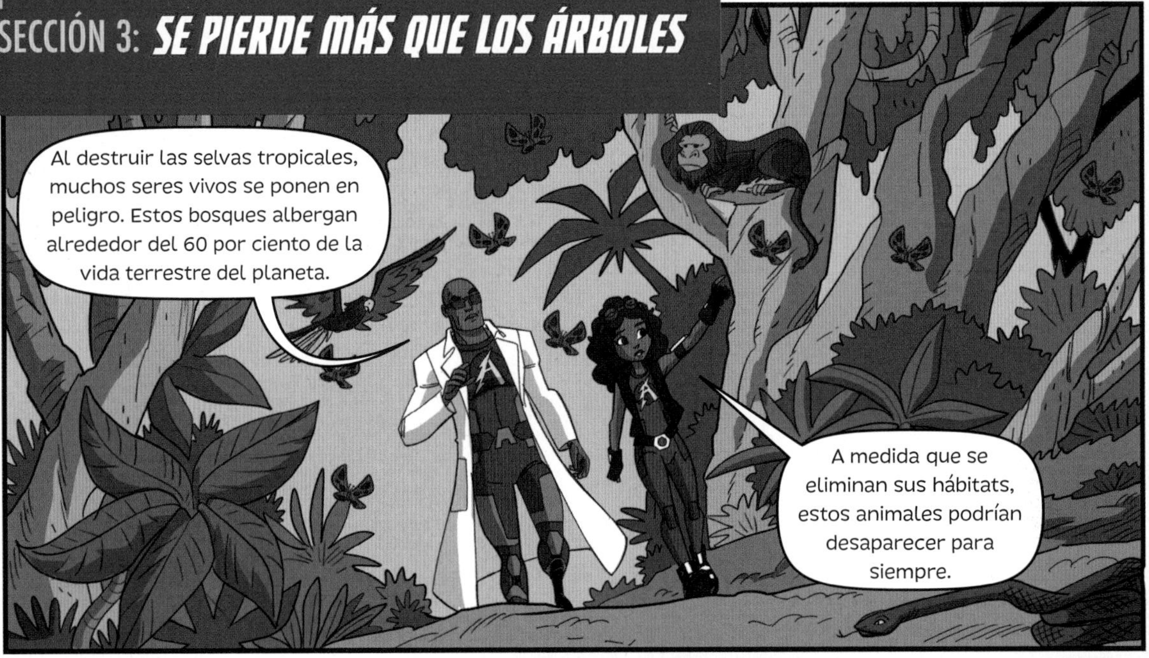
Al destruir las selvas tropicales, muchos seres vivos se ponen en peligro. Estos bosques albergan alrededor del 60 por ciento de la vida terrestre del planeta.
A medida que se eliminan sus hábitats, estos animales podrían desaparecer para siempre.

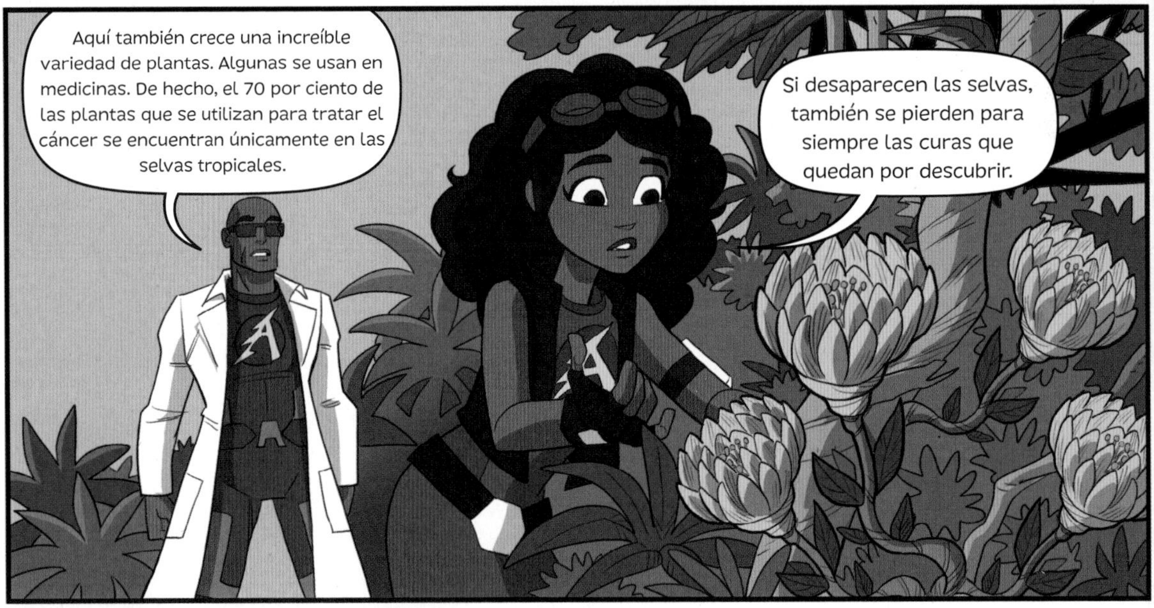
Aquí también crece una increíble variedad de plantas. Algunas se usan en medicinas. De hecho, el 70 por ciento de las plantas que se utilizan para tratar el cáncer se encuentran únicamente en las selvas tropicales.
Si desaparecen las selvas, también se pierden para siempre las curas que quedan por descubrir.

## DEMASIADAS PARA CONTAR

Las selvas tropicales contienen una asombrosa variedad de especies. Nadie sabe exactamente cuántas, pero las estimaciones oscilan entre 3 y 50 millones, y los números siguen aumentando. Por ejemplo, el Fondo Mundial para la Naturaleza investigó la región amazónica por dos años y descubrió un promedio de una nueva especie cada dos días. Pero con la alta tasa de deforestación tropical, los científicos temen que algunas especies se extinguirán antes de que tengamos la oportunidad de descubrirlas.

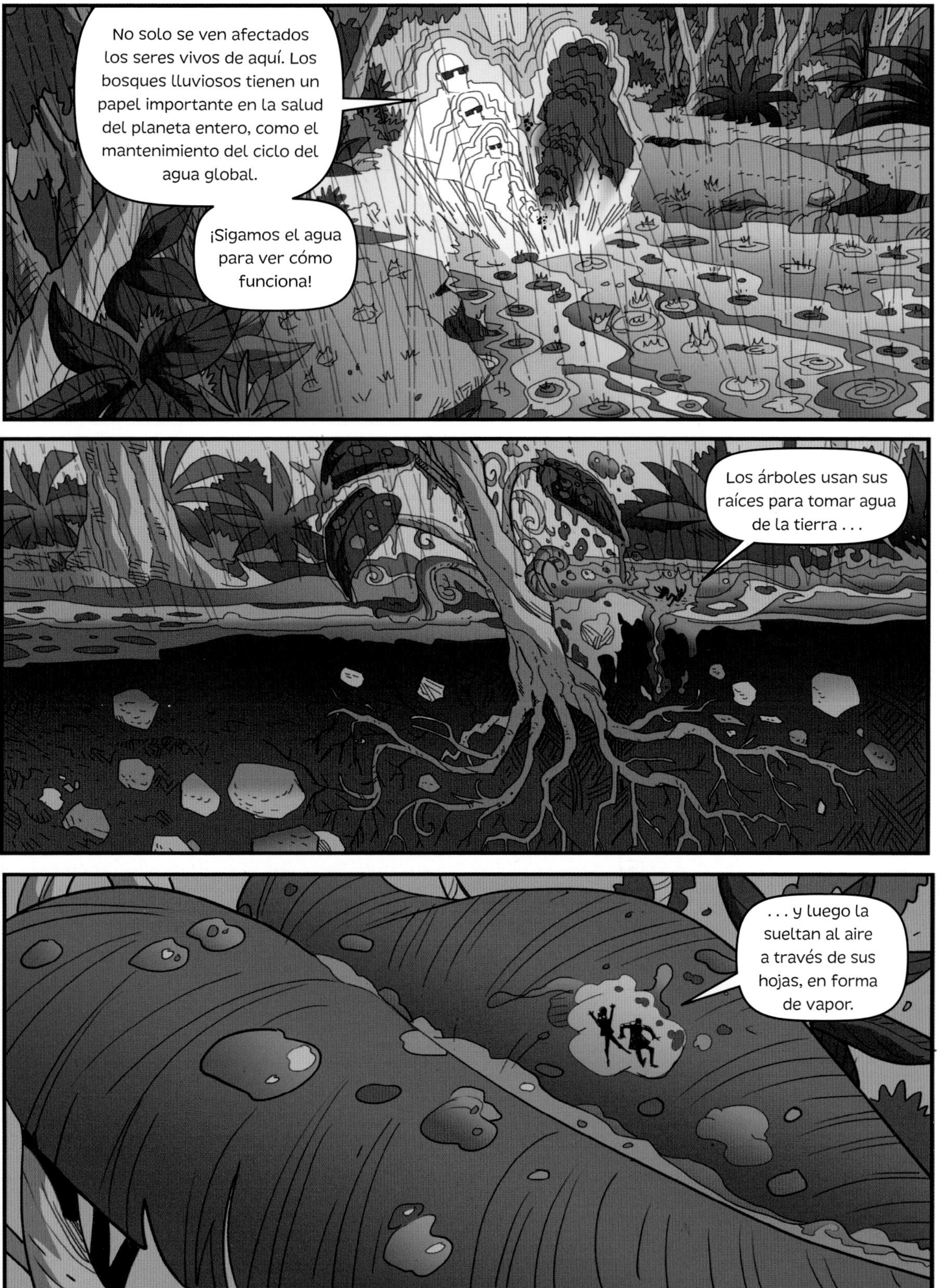
No solo se ven afectados los seres vivos de aquí. Los bosques lluviosos tienen un papel importante en la salud del planeta entero, como el mantenimiento del ciclo del agua global.
¡Sigamos el agua para ver cómo funciona!
Los árboles usan sus raíces para tomar agua de la tierra . . .
. . . y luego la sueltan al aire a través de sus hojas, en forma de vapor.

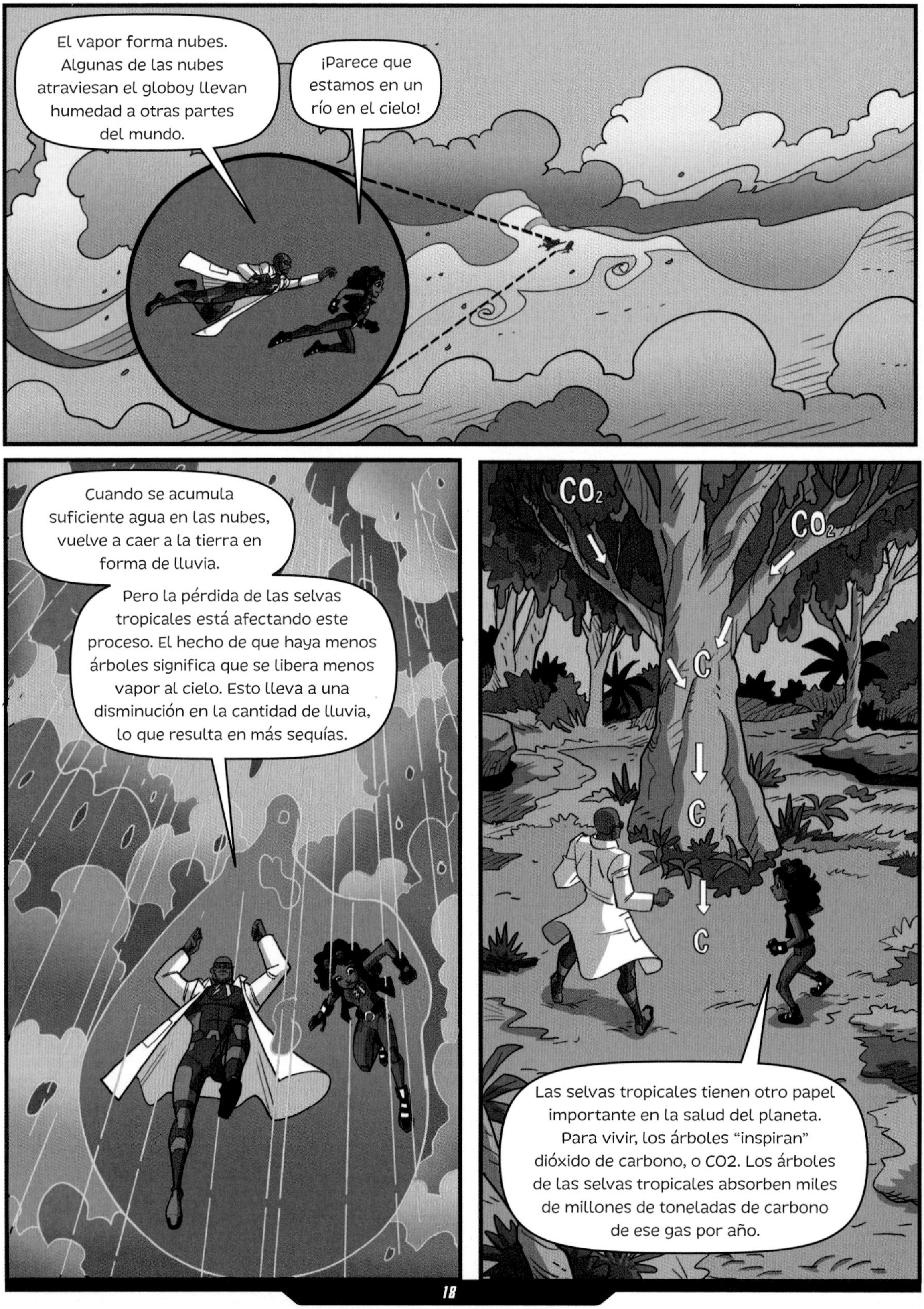
El vapor forma nubes. Algunas de las nubes atraviesan el globoy llevan humedad a otras partes del mundo.
¡Parece que estamos en un río en el cielo!
Cuando se acumula suficiente agua en las nubes, vuelve a caer a la tierra en forma de lluvia.
Pero la pérdida de las selvas tropicales está afectando este proceso. El hecho de que haya menos árboles significa que se libera menos vapor al cielo. Esto lleva a una disminución en la cantidad de lluvia, lo que resulta en más sequías.
CO2
CO2
C
C
C
Las selvas tropicales tienen otro papel importante en la salud del planeta. Para vivir, los árboles "inspiran" dióxido de carbono, o CO2. Los árboles de las selvas tropicales absorben miles de millones de toneladas de carbono de ese gas por año.

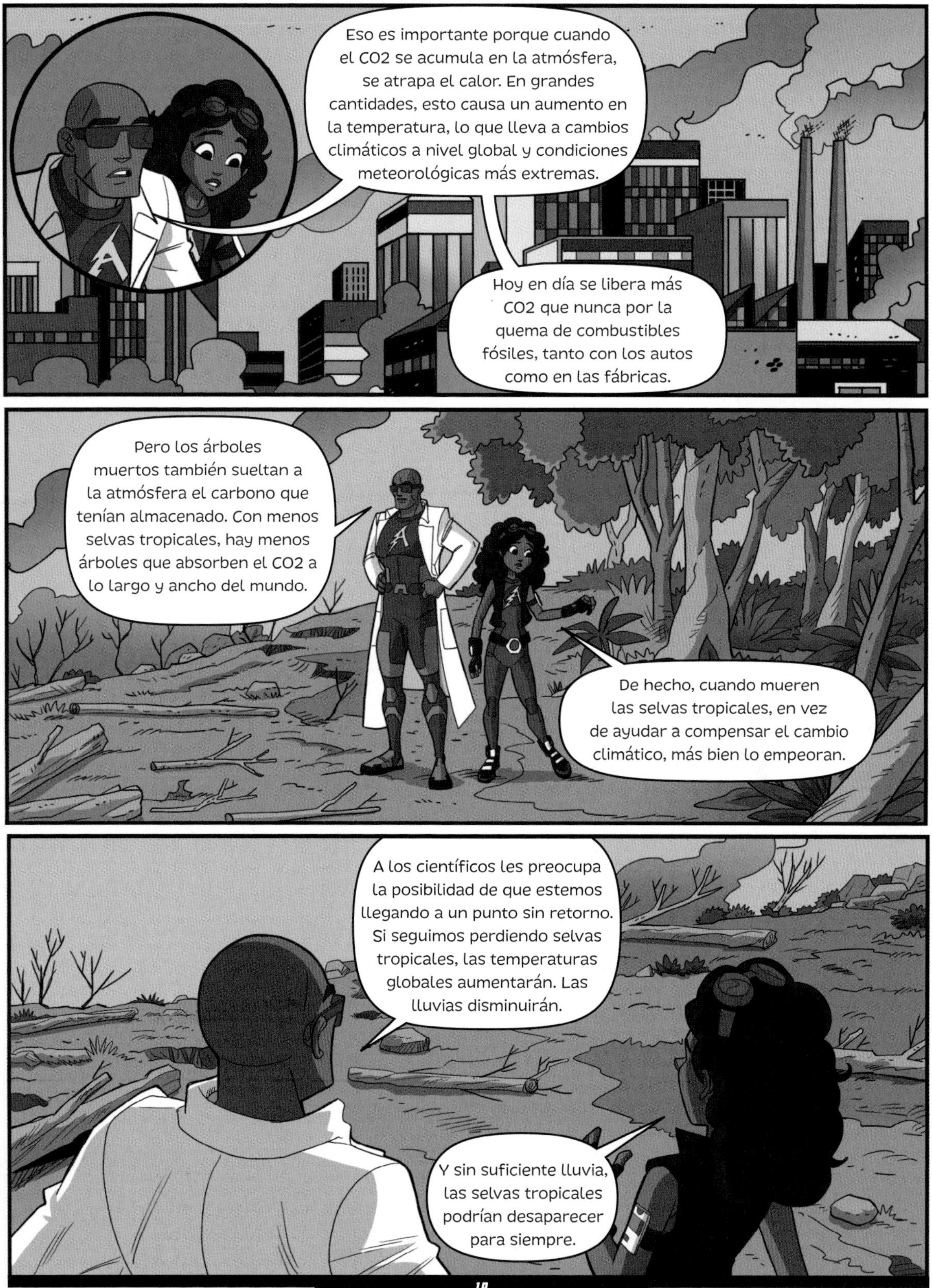
Eso es importante porque cuando el CO2 se acumula en la atmósfera, se atrapa el calor. En grandes cantidades, esto causa un aumento en la temperatura, lo que lleva a cambios climáticos a nivel global y condiciones meteorológicas más extremas.
Hoy en día se libera más CO2 que nunca por la quema de combustibles fósiles, tanto con los autos como en las fábricas.
Pero los árboles muertos también sueltan a la atmósfera el carbono que tenían almacenado. Con menos selvas tropicales, hay menos árboles que absorben el CO2 a lo largo y ancho del mundo.
De hecho, cuando mueren las selvas tropicales, en vez de ayudar a compensar el cambio climático, más bien lo empeoran.
A los científicos les preocupa la posibilidad de que estemos llegando a un punto sin retorno. Si seguimos perdiendo selvas tropicales, las temperaturas globales aumentarán. Las lluvias disminuirán.
Y sin suficiente lluvia, las selvas tropicales podrían desaparecer para siempre.

# SECCIÓN 4: RESCATE DE LA SELVA TROPICAL

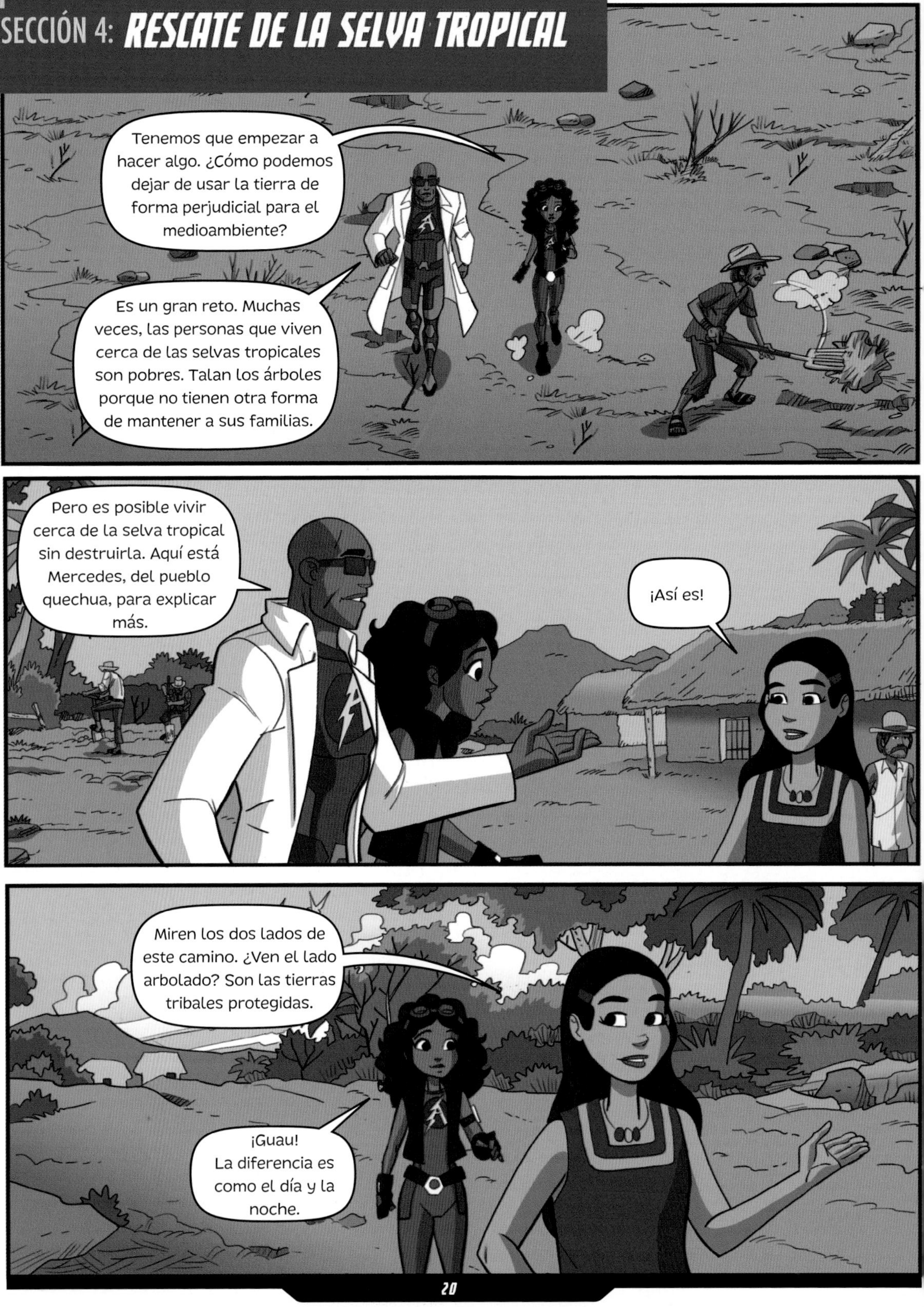

Tenemos que empezar a hacer algo. ¿Cómo podemos dejar de usar la tierra de forma perjudicial para el medioambiente?
Es un gran reto. Muchas veces, las personas que viven cerca de las selvas tropicales son pobres. Talan los árboles porque no tienen otra forma de mantener a sus familias.
Pero es posible vivir cerca de la selva tropical sin destruirla. Aquí está Mercedes, del pueblo quechua, para explicar más.
¡Así es!
Miren los dos lados de este camino. ¿Ven el lado arbolado? Son las tierras tribales protegidas.
¡Guau! La diferencia es como el día y la noche.

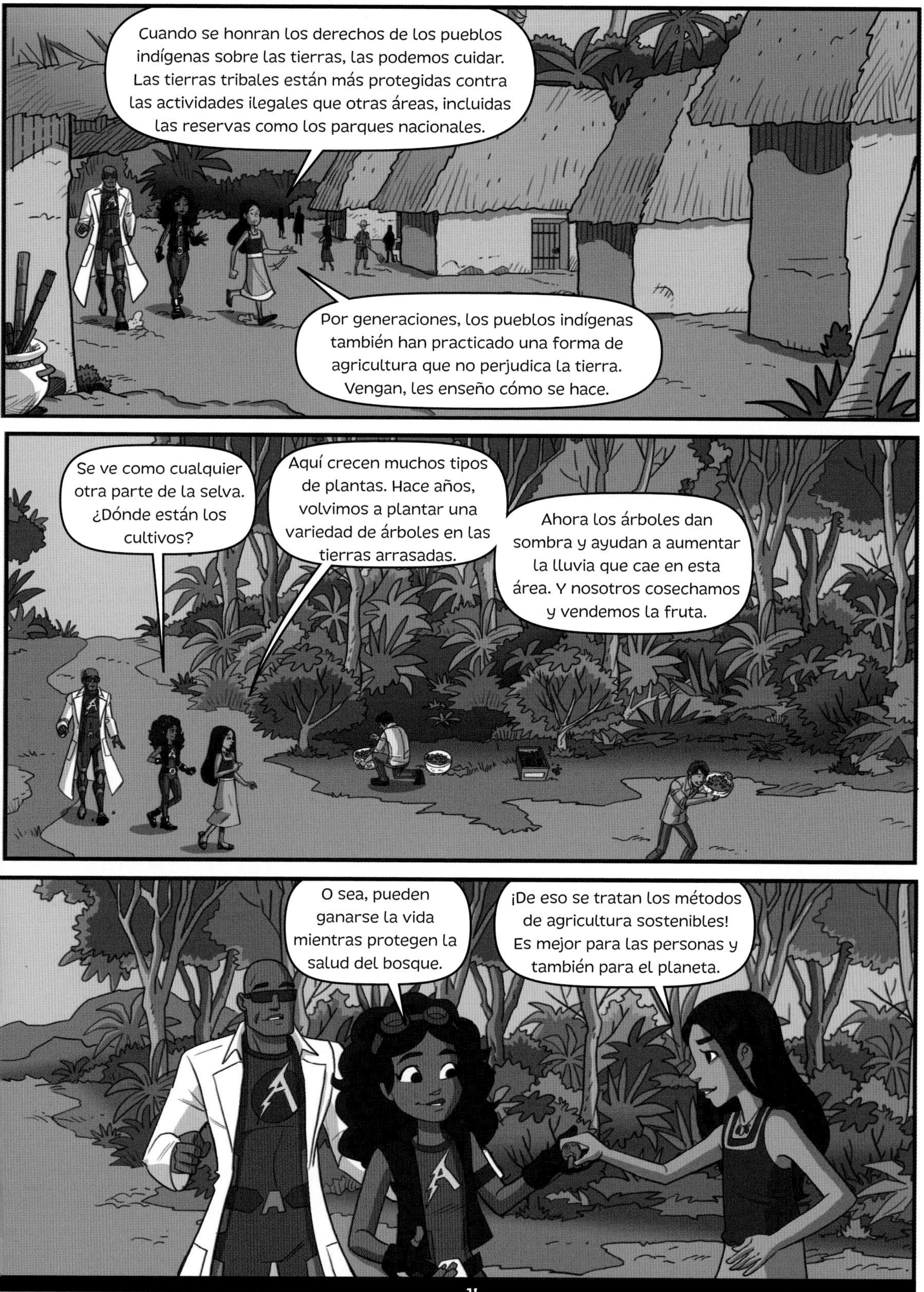

Cuando se honran los derechos de los pueblos indígenas sobre las tierras, las podemos cuidar. Las tierras tribales están más protegidas contra las actividades ilegales que otras áreas, incluidas las reservas como los parques nacionales.
Por generaciones, los pueblos indígenas también han practicado una forma de agricultura que no perjudica la tierra. Vengan, les enseño cómo se hace.
Se ve como cualquier otra parte de la selva. ¿Dónde están los cultivos?
Aquí crecen muchos tipos de plantas. Hace años, volvimos a plantar una variedad de árboles en las tierras arrasadas.
Ahora los árboles dan sombra y ayudan a aumentar la lluvia que cae en esta área. Y nosotros cosechamos y vendemos la fruta.
O sea, pueden ganarse la vida mientras protegen la salud del bosque.
¡De eso se tratan los métodos de agricultura sostenibles! Es mejor para las personas y también para el planeta.

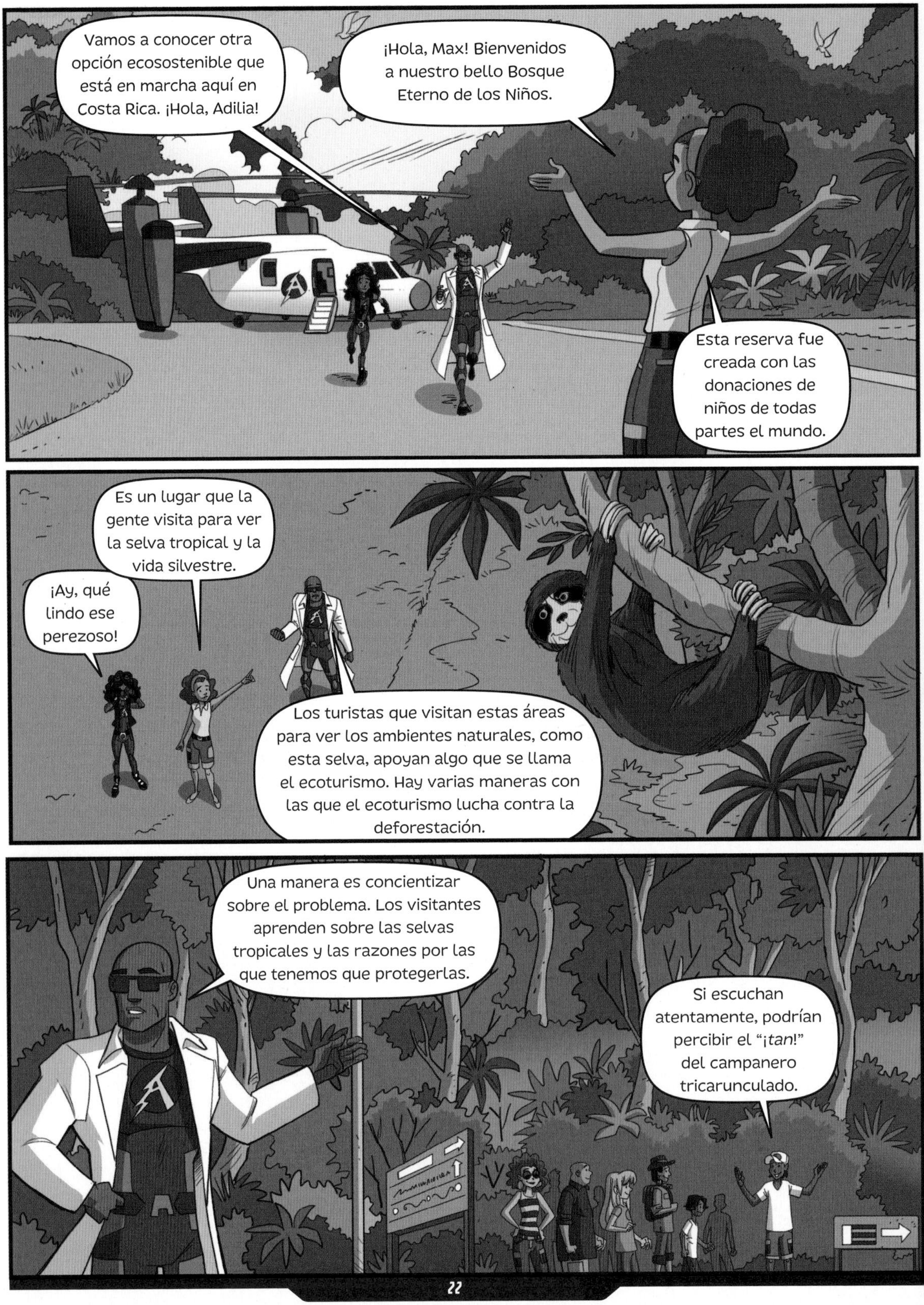
Vamos a conocer otra opción ecosostenible que está en marcha aquí en Costa Rica. ¡Hola, Adilia!
¡Hola, Max! Bienvenidos a nuestro bello Bosque Eterno de los Niños.
Esta reserva fue creada con las donaciones de niños de todas partes el mundo.
Es un lugar que la gente visita para ver la selva tropical y la vida silvestre.
¡Ay, qué lindo ese perezoso!
Los turistas que visitan estas áreas para ver los ambientes naturales, como esta selva, apoyan algo que se llama el ecoturismo. Hay varias maneras con las que el ecoturismo lucha contra la deforestación.
Una manera es concientizar sobre el problema. Los visitantes aprenden sobre las selvas tropicales y las razones por las que tenemos que protegerlas.
Si escuchan atentamente, podrían percibir el "¡*tan*!" del campanero tricarunculado.

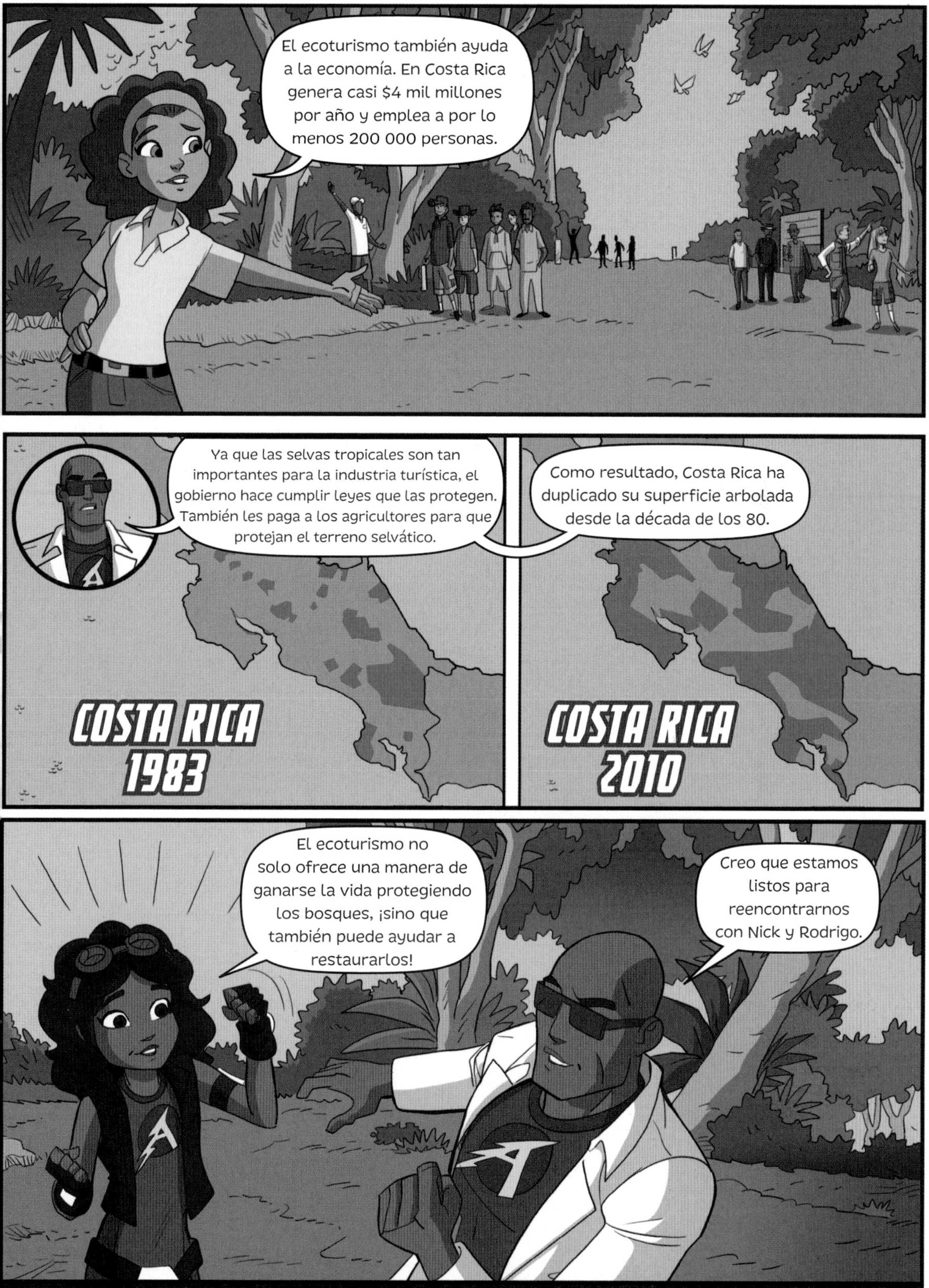
El ecoturismo también ayuda a la economía. En Costa Rica genera casi $4 mil millones por año y emplea a por lo menos 200 000 personas.
Ya que las selvas tropicales son tan importantes para la industria turística, el gobierno hace cumplir leyes que las protegen. También les paga a los agricultores para que protejan el terreno selvático.
Como resultado, Costa Rica ha duplicado su superficie arbolada desde la década de los 80.
COSTA RICA 1983
COSTA RICA 2010
El ecoturismo no solo ofrece una manera de ganarse la vida protegiendo los bosques, ¡sino que también puede ayudar a restaurarlos!
Creo que estamos listos para reencontrarnos con Nick y Rodrigo.

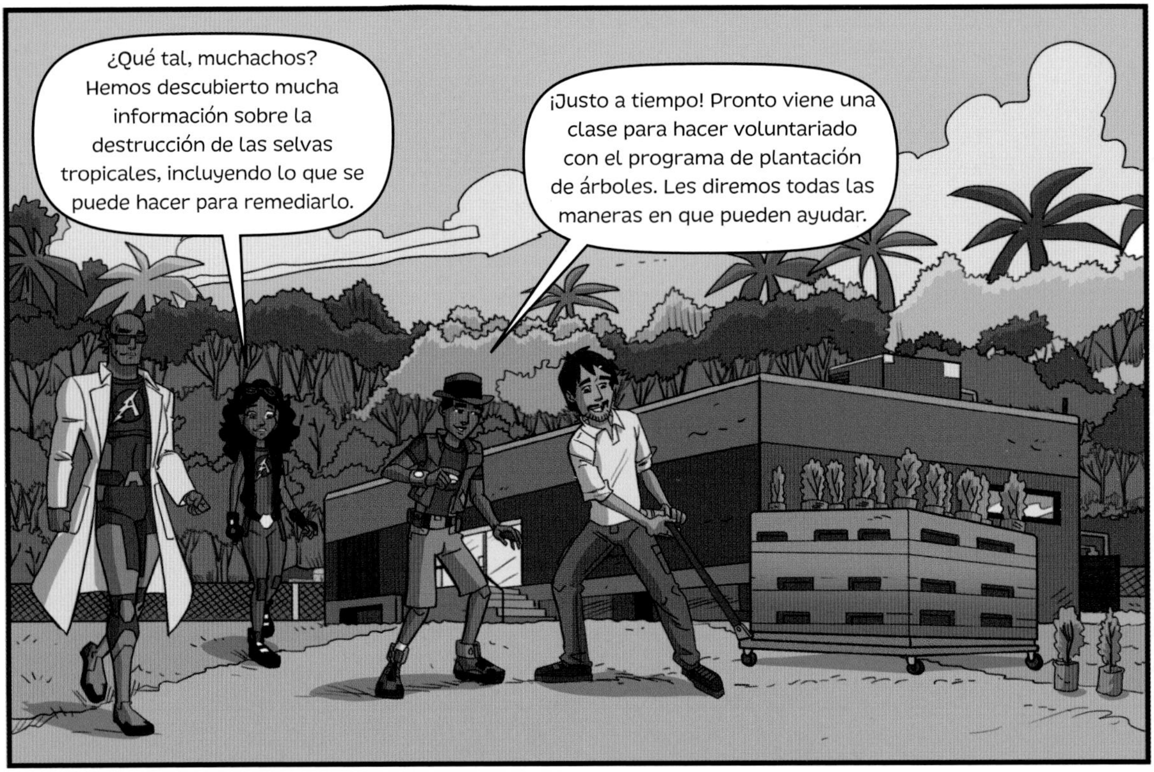
¿Qué tal, muchachos? Hemos descubierto mucha información sobre la destrucción de las selvas tropicales, incluyendo lo que se puede hacer para remediarlo.
¡Justo a tiempo! Pronto viene una clase para hacer voluntariado con el programa de plantación de árboles. Les diremos todas las maneras en que pueden ayudar.

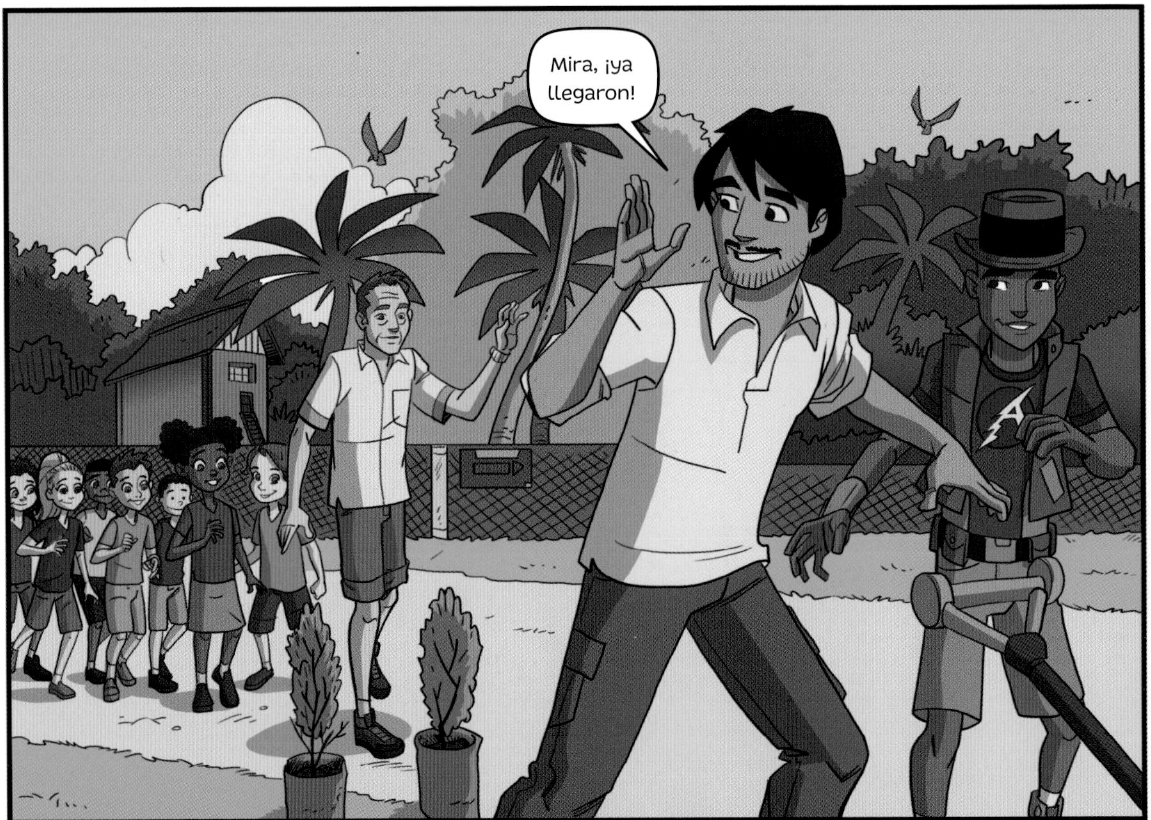
Mira, ¡ya llegaron!

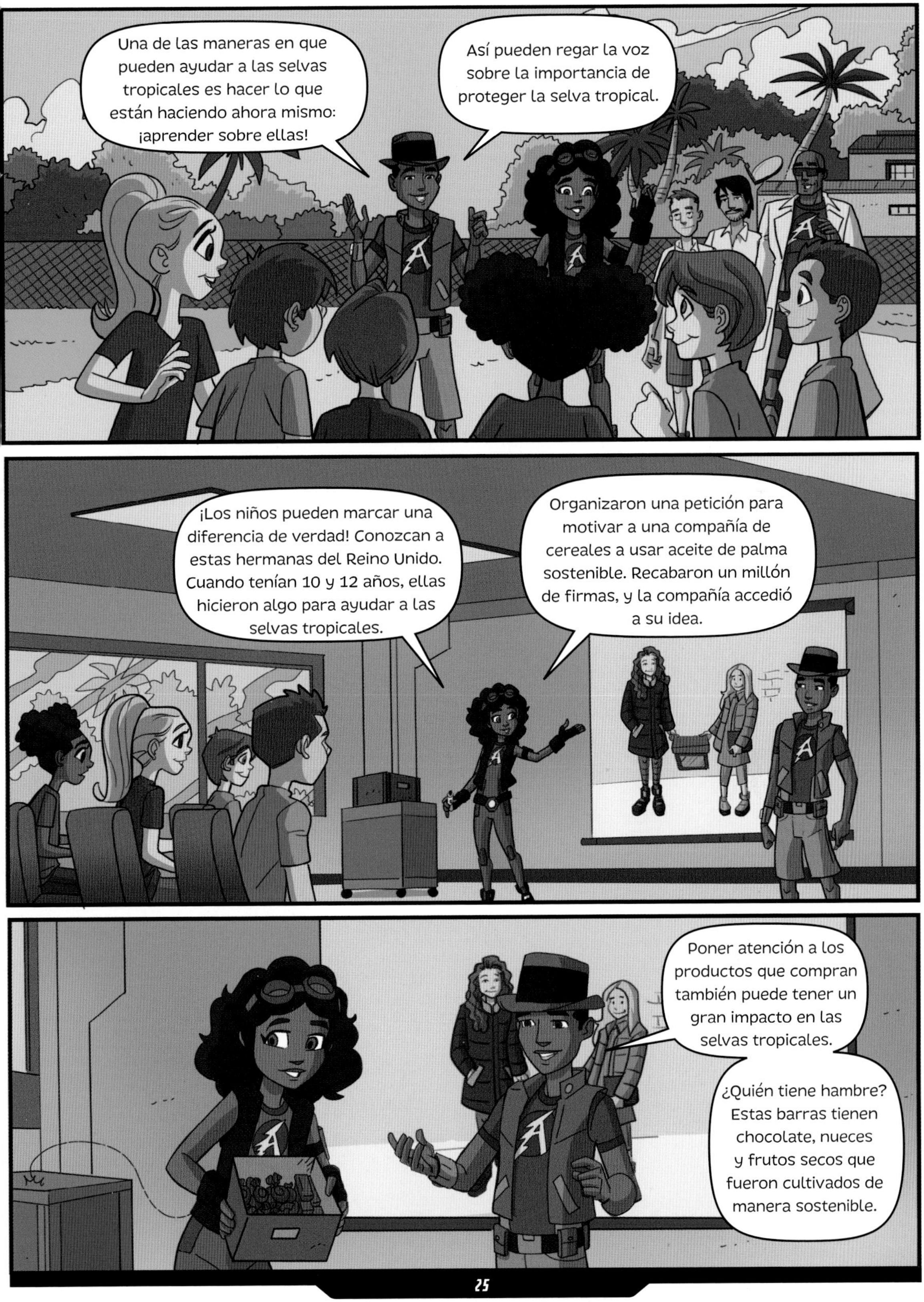
Una de las maneras en que pueden ayudar a las selvas tropicales es hacer lo que están haciendo ahora mismo: ¡aprender sobre ellas!
Así pueden regar la voz sobre la importancia de proteger la selva tropical.
¡Los niños pueden marcar una diferencia de verdad! Conozcan a estas hermanas del Reino Unido. Cuando tenían 10 y 12 años, ellas hicieron algo para ayudar a las selvas tropicales.
Organizaron una petición para motivar a una compañía de cereales a usar aceite de palma sostenible. Recabaron un millón de firmas, y la compañía accedió a su idea.
Poner atención a los productos que compran también puede tener un gran impacto en las selvas tropicales.
¿Quién tiene hambre? Estas barras tienen chocolate, nueces y frutos secos que fueron cultivados de manera sostenible.

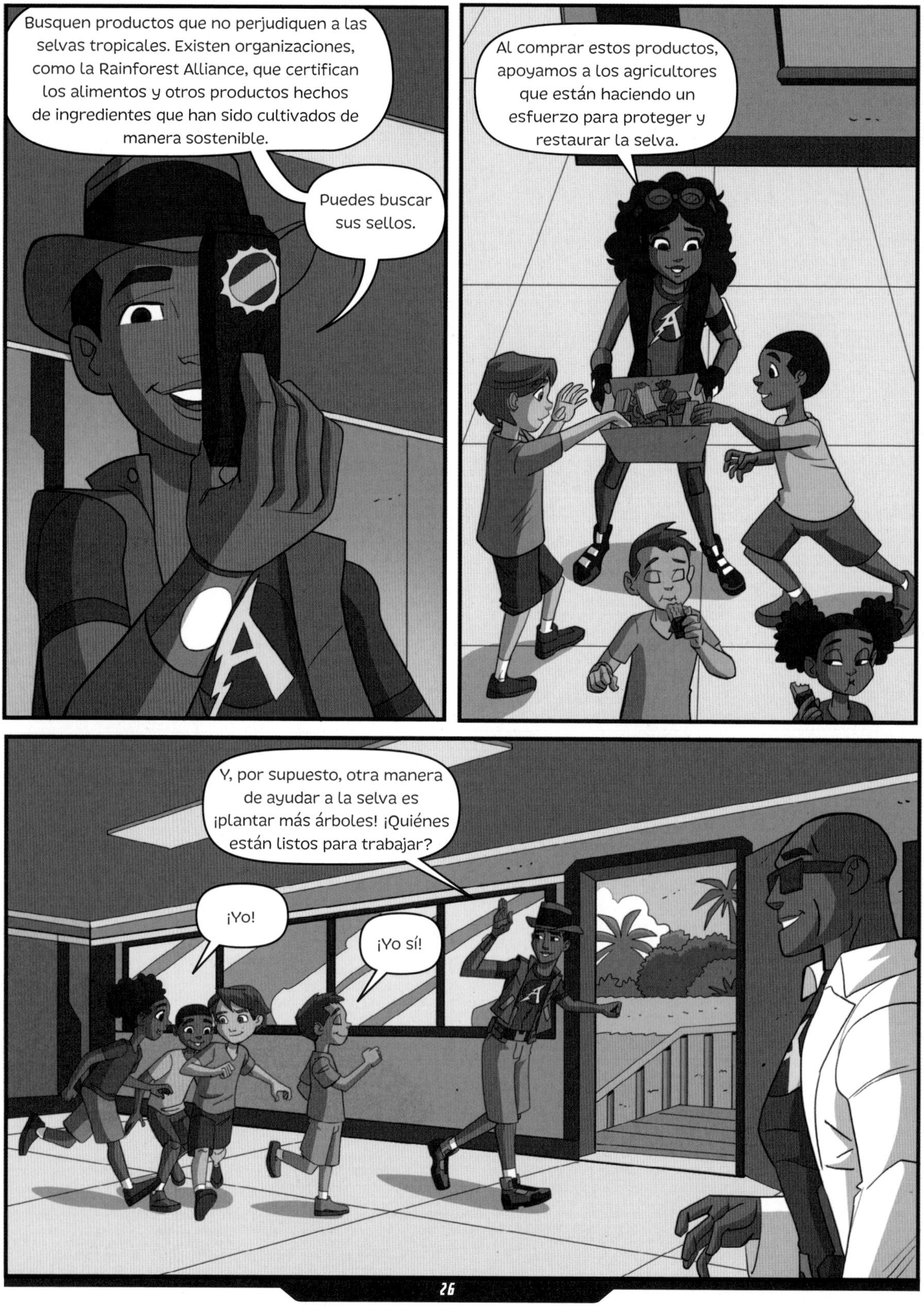
Busquen productos que no perjudiquen a las selvas tropicales. Existen organizaciones, como la Rainforest Alliance, que certifican los alimentos y otros productos hechos de ingredientes que han sido cultivados de manera sostenible.
Puedes buscar sus sellos.
Al comprar estos productos, apoyamos a los agricultores que están haciendo un esfuerzo para proteger y restaurar la selva.
Y, por supuesto, otra manera de ayudar a la selva es ¡plantar más árboles! ¡Quiénes están listos para trabajar?
¡Yo!
¡Yo sí!

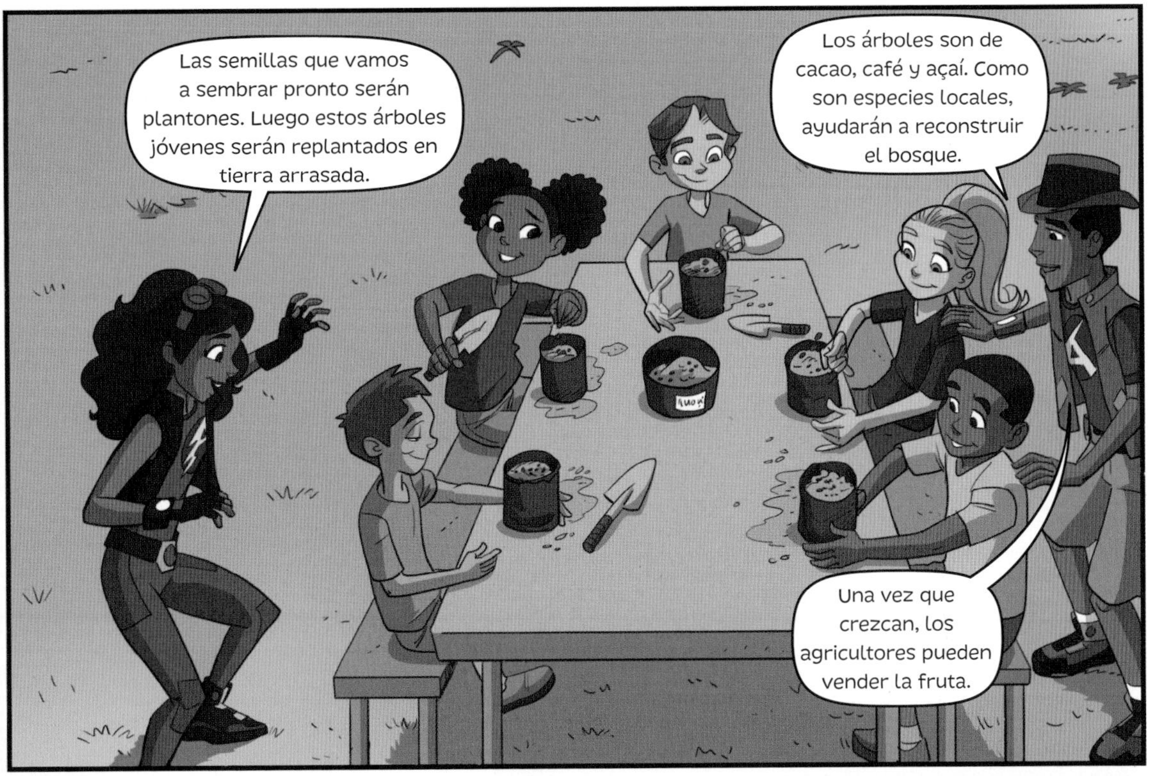
Las semillas que vamos a sembrar pronto serán plantones. Luego estos árboles jóvenes serán replantados en tierra arrasada.
Los árboles son de cacao, café y açaí. Como son especies locales, ayudarán a reconstruir el bosque.
Una vez que crezcan, los agricultores pueden vender la fruta.

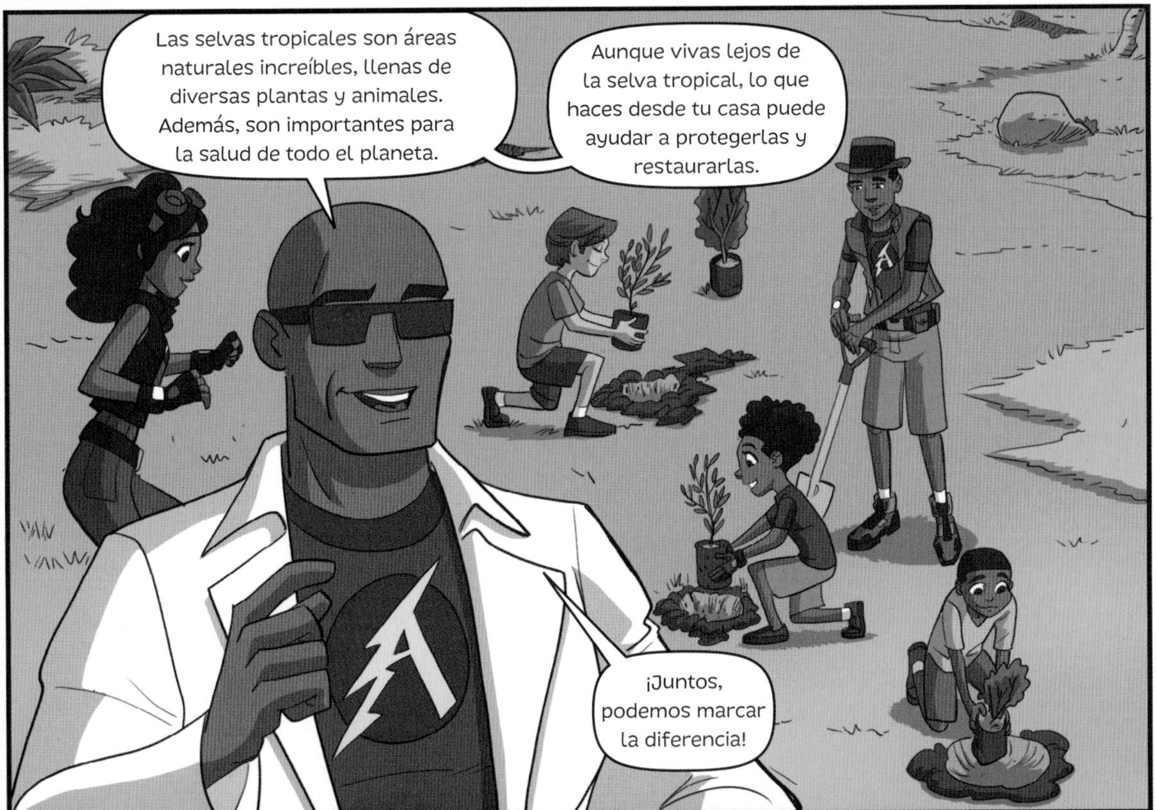
Las selvas tropicales son áreas naturales increíbles, llenas de diversas plantas y animales. Además, son importantes para la salud de todo el planeta.
Aunque vivas lejos de la selva tropical, lo que haces desde tu casa puede ayudar a protegerlas y restaurarlas.
¡Juntos, podemos marcar la diferencia!

# LOS NIÑOS QUE SALVARON UNA SELVA TROPICAL

A veces, el problema de la deforestación de la selva parece ser demasiado grande y ajeno como para hacer algo al respecto. Pero un grupo de niños pensó que era importante intentarlo.

Durante la década de los 80, las selvas tropicales registraron uno de los mayores índices de deforestación de la historia. En 1987, lejos del trópico, un grupo de estudiantes en Suecia entre 9 a 10 años de edad aprendieron sobre las selvas tropicales. Miraron videos sobre la tala y quema de árboles. Los niños, molestos, preguntaron, "¿por qué no podemos comprar una parte de la selva?".

Aunque parecía una solución improbable, era algo que podía proteger una parte de estas tierras. Para recaudar fondos, la clase organizó ventas de pastelitos y galletas, e hicieron obras de teatro. Estaban encantados al saber que los $240 que recaudaron alcanzarían para comprar una docena de acres de selva tropical en Costa Rica.

Inspirados por su propio éxito, la clase siguió recaudando fondos. Un canal de televisión retransmitió una obra que hizo la clase para concientizar a la gente. Lograron recaudar más dinero, y más niños se unieron a la causa. El gobierno sueco otorgó una subvención de $80 000 para la compra de más terreno selvático.

Para finales del año, los niños habían recaudado $100 000. Pero eso fue solo el comienzo. Las noticias del proyecto se diseminaban cada vez más y para 1992, niños de 44 países habían ayudado a recaudar $2 millones.

El dinero recaudado se envió a la Liga de conservación de Monteverde (MCL, por sus siglas en inglés), una organización ecológica en Costa Rica. La MCL utilizó el dinero para comprar lo que llegarían a ser más de 56 000 acres de reserva tropical. En honor a los niños, a la reserva le pusieron el nombre de Bosque Eterno de los Niños (BEN). Ahora es la reserva privada más grande de Costa Rica.

Todo fue gracias a un grupo de niños de entre 9 y 10 años de edad que querían proteger un recurso importante que se ubicaba a medio mundo de distancia.

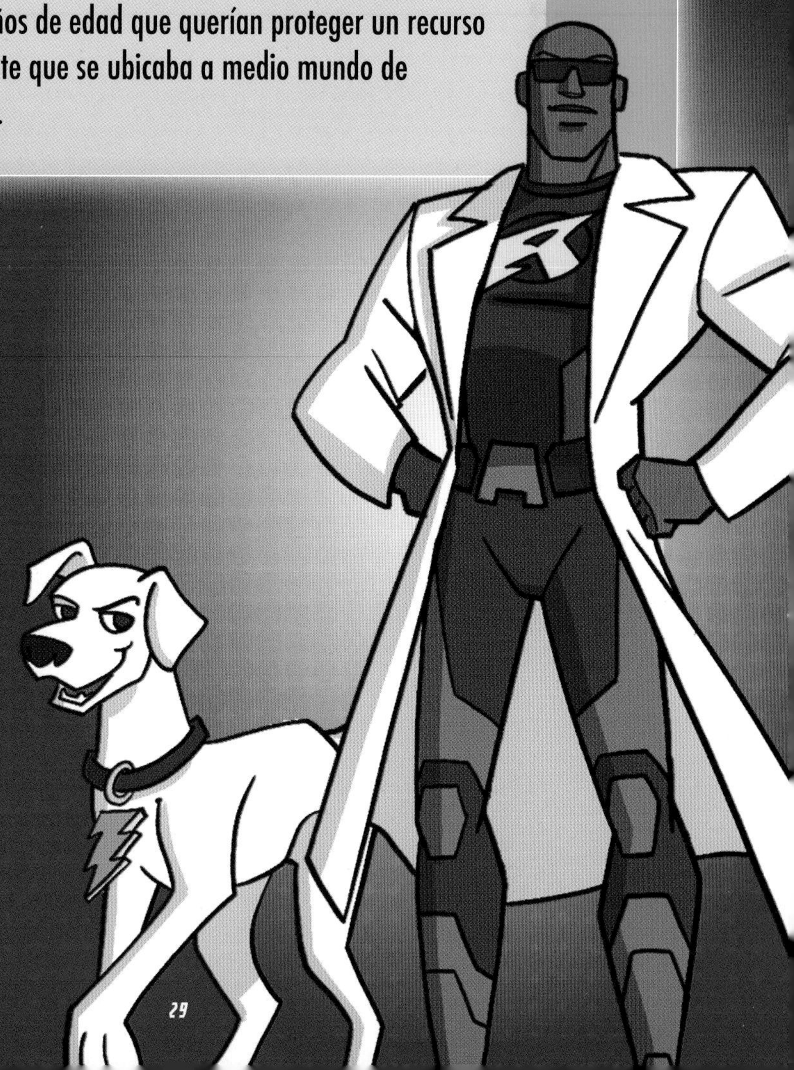

# GLOSARIO

**atmósfera**—la mezcla de gases alrededor de un planeta

**certificar**—indicar oficialmente que algo reúne ciertos requisitos o alcanza cierto nivel de calidad

**clima**—las condiciones meteorológicas promedio de un lugar durante un largo período de tiempo.

**combustible fósil**—un tipo de combustible que se forma en la Tierra proveniente de los restos de plantas y animales; el carbón, el petróleo y el gas natural son combustibles fósiles

**deforestación**—el acto o proceso de talar todos los árboles de un área

**dióxido de carbono**—un gas sin color ni olor absorbido por las plantas y exhalado por los humanos y animales; también conocido por su abreviación, CO2, este gas también se forma al quemar los combustibles fósiles y cuando se descomponen las plantas y animales

**ecoturismo**—la práctica de visitar ambientes naturales de una manera que no perjudica la tierra ni la vida silvestre; el ecoturismo tiene el fin de apoyar tanto las economías locales como los esfuerzos para proteger la naturaleza

**hacer cumplir**—asegurar que la gente acata las leyes y normativas

**indígena**—que tiene que ver con los habitantes originales y más antiguos de una región

**petición**—una carta firmada por muchas personas que pide un cambio a los líderes o a algún grupo

**plantón**—un árbol joven

**reserva**—un área en la que se protege la tierra y la vida silvestre

**sostenible**—realizado de una manera que se puede mantener, sin destruir ni agotar por completo los recursos naturales

# LEE MÁS

Braun, Eric. *Can You Save a Tropical Rain Forest?: An Interactive Eco Adventure.* North Mankato, MN: Capstone Press, 2021.

French, Jess. *Let's Save Our Planet: Forests.* Beverly, MA: Ivy Kids, 2020.

Gibbs, Maddie. *What Are Tropical Rainforests?* New York: Britannica Educational Publishing, 2019.

# SITIOS WEB

*Mongabay: Tropical Rainforest Information for Kids*
rainforests.mongabay.com/kids/

*National Geographic Kids: Rainforest Habitat*
kids.nationalgeographic.com/explore/nature/habitats/rain-forest/

*Rainforest Alliance: Kids' Games & Activities*
rainforest-alliance.org/environmental-curriculum/kids-games-activities/

# ÍNDICE